名人与南京之地名故事

万瑞强 编著

南京出版传媒集团
南京出版社

图书在版编目(CIP)数据

名人与南京之地名故事 / 万瑞强编著. -- 南京 : 南京出版社, 2025. 6. -- ISBN 978-7-5533-5430-9

Ⅰ. K925. 31

中国国家版本馆 CIP 数据核字第 2025XD5417 号

书　　名　名人与南京之地名故事
作　　者　万瑞强
出版发行　南京出版传媒集团
　　　　　　南　京　出　版　社
社　　址　南京市玄武区太平门街 53 号
邮　　编　210016
联系电话　025-83283873、83283864(营销)　025-83112257(编务)

策划统筹　崔龙龙
责任编辑　崔龙龙
装帧设计　张　淼
责任印制　杨福彬

排　　版　南京新洲印刷有限公司
印　　刷　南京新世纪联盟印务有限公司
开　　本　710 毫米×1000 毫米　1/16
印　　张　15. 5
彩　　插　8 页
字　　数　220 千
版　　次　2025 年 6 月第 1 版
印　　次　2025 年 6 月第 1 次印刷
书　　号　ISBN 978-7-5533-5430-9
定　　价　50. 00 元

孙权墓所在地梅花山（丁劼摄）

明僧绍所建的栖霞寺（崔龙龙摄）

传说梁武帝曾“舍身”于此的鸡鸣寺（丁劼摄）

王安石曾经废湖为田的玄武湖（丁劼摄）

传说梁武帝曾“舍身”于此的鸡鸣寺（丁劼摄）

陈叔宝喜爱的珍珠河（崔龙龙摄）

莫愁女与莫愁湖（丁劼摄）

王安石曾经废湖为田的玄武湖（丁劼摄）

沈万三捐资修建的聚宝门（丁劼摄）

焦竑与文德桥（丁劼摄）

朱元璋营造的明城墙（丁劼摄）

林则徐整顿过的江南贡院（崔龙龙摄）

郑和曾居住的静海寺（丁劼摄）

竺可桢主持过的北极阁气象台（崔龙龙摄）

杨廷宝设计的中山陵音乐台（丁劼摄）

鲁迅就读过的江南水师学堂旧址（崔龙龙摄）

朱自清笔下的秦淮河（丁劼摄）

吕彦直设计的中山陵（丁劼摄）

自　序

笔者乃老南京人里的老城南人。据祖父介绍，我们这一支来自江西，至今至少也有七八代人了。祖父、父亲两代人最早住在城南的老门西，1937 年日军侵略南京时，烧了我们家的祖屋，不得不搬到老门东来租房子住。

城南这片是南京比较早的居民区，流传下来的老地名不少，笔者没事时就喜欢琢磨这些老地名。之前写过两本关于南京地名的册子，但就地名讲地名，自感略显枯燥。南京的历史这么丰厚，许多地名与历史人物有着千丝万缕的联系，忽然就起了个念头，何不把地名跟名人联系起来写，这样内容更丰富，故事更生动。想是这样想，写也写出来了，虽然花费了不少精力，但与预期的目标还有距离。怪只怪自己笔力有限，想象力不够丰富，也怨不了别人，但至少部分实现了自己的初衷，也很知足。以我现在这个年纪，很想把故事说得更文学、更生动，把看的人吸引得目不转睛，但无奈底子太薄，力有不逮。如果现在再来补这些描龙画凤、风花雪月的文字课，恐怕效果也好不到哪去，弄不好如邯郸学步，弄巧成拙，连字都不会写了，岂不是事与愿违？兹事体大，还不如顺其自然吧！

本书撰写了 102 篇与名人有关的南京地名故事，大体是按时间顺序排列的，既是借名人说地名，也是借地名讲历史，三者相辅相成。只是自己的视野有限，能够掌握的资料也有限，肯定还有许多没想到也没写到的，有待于今后不断地丰富和完善。

这里所说的名人，也只是相对而言，没有一个量化的标准，拍脑袋的成分多一点。个人的观点，既是名人，一是要有历史记载，二是要有一定的影响力。当然这种影响力也有优劣之分，比如陈叔宝、秦桧，虽然影响很坏，但不能说他们不是名人，而是恶名传世，遗臭万年罢了。总体上还是好人比坏人多，好名人比坏名人多，不排除有的名人你说不上好也说不上坏，或者说优点突出，缺点也突出。

个人喜欢琢磨地名、琢磨历史，尤其喜欢有故事的东西。就如人们外出旅游看一些人文景观，总是有故事的更能吸引人，否则干看一堆大石头、几间破屋子，多少有点索然无味。地名也是一样，有故事的地名，更让人印象深刻。以故事说地名，也是一种思路，至于说得好不好，一个是看写作能力，再一个不能胡编乱造，无中生有，至少绝大部分有历史依据。写这本书意在提供一种研究地名的思路，抛砖引玉罢了。有机会能看到本书的朋友，敬请提出宝贵的意见和建议，以便于笔者进一步改进。

目录

伍子胥与胥河：说一段春秋往事

春秋时期的南京地属吴国，处于吴楚交界处，被称为“吴头楚尾”。为防楚国进攻，吴国在这里建了两座城邑，一座叫棠邑，位于今南京长江北岸的六合区境内，后吴、楚交替占有，还有一种说法是楚国先建的，具体位置已难考。另一座叫濑渚邑，位于今南京市高淳区的固城镇，得名是因为建在濑水北岸的沙滩上，城墙雄伟，坚固难攻，吴王看了很满意，取名为“固城”，近旁有一湖泊，得名固城湖。楚军后来攻陷固城，在此大造宫殿，纵情享乐，称为“楚王城”。

伍子胥是楚国人，之所以要投奔吴国，是因为受到了楚王的迫害。伍子胥名员，字子胥。他的父亲叫伍奢，是楚国大夫；他的哥哥叫伍尚，是楚国棠邑大夫。伍家因受楚王猜忌，伍奢被囚，伍尚从棠邑被召回楚国都城后，与父亲一同被杀。楚平王下令到处捉拿伍子胥，伍子胥先奔宋国，因宋国有乱，又奔郑国，之后又回到楚国出昭关逃到吴国。昭关在两山对峙之间，形势险要，并有重兵把守，过关难于上青天，历史典故“伍子胥过昭关——一夜急白了头”便发生于此地。

关于伍子胥过昭关后从何处渡长江奔吴，存在多种说法。其中一种说法是，周景王二十三年（前 522 年），伍子胥过昭关后，由今浦口乌江渡江，到达今高淳境内濑水（即溧水）。据《丹阳镇志》中关于当地传说的记载，伍子胥路经丹阳西河沿村时迷了路，向一位在河边洗衣的妇女问路，并恳求不要告诉后面的追兵。那妇女为伍子胥指明道路后，见其不久折回，以为自己指错了路，一时害怕竟投河自尽。后来，伍子胥为让世人永远记住他的这位救命恩人，派人将在楚宫内缴获的许多“金豆子”撒入西河中，并告示众人，凡拣到金子的人，必须烧纸钱来祭奠那位妇女。

伍子胥逃到吴国时，正值吴王僚当政，但他的堂兄弟公子光认为王位应当是他的，想杀死吴王僚自立。伍子胥和好友专诸辅佐公子光除掉了吴王僚，公子光自立为君，这就是吴王阖闾(hé lǘ)。阖闾即位后，封伍子胥为大夫，帮助他处理国家大事。伍子胥一边辅佐吴王，一边谋划为父兄复仇。多年后他举兵伐楚，攻下了“楚王城”。由于对楚国有刻骨仇恨，伍子胥一把火烧了一个多月，把固城变成了一片焦土。伍子胥驻军高淳时，组织开垦荒地，减轻赋税，深得百姓爱戴。如今高淳固城镇有一条河，东接苏锡常，西达长江，据说这就是伍子胥率众开凿的，故名为“胥河”。

公元前484年，因政见不合，伍子胥被吴王夫差赐死。在他的家乡今湖北老河口市付家寨镇，以及死难地今苏州吴中区胥口镇，均建有伍子胥墓地。在高淳固城镇，当地立有伍子胥的塑像。相传伍子胥是五月初五自杀身亡的，因此相传端午节也是纪念伍子胥的日子。

范蠡与越城：南京城的早期形成

在长干古城考古发掘之前，史学界通常把越城当作南京建城肇始。这两年随着中华门外西街片区考古成果的公布，这一片区被命名为长干古城，其历史至少比越城要早600年，且越城本身就建在长干古城的地盘上，二者之间是前与后的继承关系。尽管如此，越城在南京城市的早期形成上仍具有重要作用。

如果说中国历史上有谁活得明白而又通透，范蠡应该算一个。范蠡自号陶朱公，是春秋时期的越国大夫、相国、上将军。越王勾践卧薪尝胆、兴越灭吴的策划者兼头号功臣便是范蠡，对于复仇的每一个时机和步骤，勾践对范蠡言听计从。公元前473年，越国灭吴，终报会稽之耻，次年越王勾践命范蠡带兵在南京长干里修筑了越城(也称范蠡城)，作为越国对抗西方楚国、北方齐国的前沿军事据点。

功成名就之时，与勾践深谋二十余年的范蠡，深知“越王为人长颈鸟喙，可与共患难，不可与共乐”(《史记·越王勾践世家》)的秉性，选择了急流勇退。相传，范蠡带着他心爱的西施悄悄乘船直奔太湖而去。他们见太湖边的五里湖山明水秀，风景优美，便在岸边搭了几间草庐，隐姓埋名住了下来。从此他们在五里湖上捕鱼捉蟹，渔舟唱晚，过上了世外桃源般的生活。若干年后，西施旧病复发，在五里湖边香消玉殒，范蠡悲痛欲绝，远走齐国。他隐姓埋名在海边结庐而居，依靠自己的辛勤劳作发家致富，且仗义疏财，施善乡里，其贤明能干为齐人所赏识。齐王把他请进国都临淄(今淄博)，拜为主持政务的相国。三年后他再次急流勇退，向齐王归还相印，迁徙到了山东定陶。从此范蠡在这里继续经商，至88岁寿终正寝。后来无锡人怀念范蠡，把五里湖命名为蠡湖，并在蠡湖边修建了风光秀丽的蠡园，而鼋头渚的陶朱阁，也是为纪念范蠡和西施而建的。

话题再回到越城。越王勾践在长干里建城，是看中了它优越的地理位置。这里地势较高，北临秦淮河，南倚聚宝山（今雨花台），西控长江。因此在这里筑越城，可以作为进攻楚国的根据地之一。当年越城的城池并不大，城垣为夯土版筑，城周长二里八十步，相当于现在的942米，占地面积仅为六万多平方米，后人称作越城，别称长干城、范蠡城、越台等。从战国、秦汉到六朝，越城始终是南京地区最重要的军事要塞，兵家必争之地。公元前306年，楚国灭越，越城归楚国所有；秦灭楚后，越城划入秦国版图；西汉吴王刘濞发动七国之乱，兵败后曾经退守越城；直到隋朝灭陈，才将越城平毁。东晋时期王敦叛乱、卢循起义以及南齐时期的崔慧景叛乱，均在此决战。越城遗址在宋代还被作为军寨，明代时与新建的大报恩寺东西相对，到了清代尚有遗迹，文人周宝偀有诗《越城》：“禅院风清古迹埋，长干西畔小徘徊。一堆土石迷烟草，人踏斜阳问越台。”

吴越楚地图

明代陈沂编纂的《金陵古今图考》，书中收录的《吴越楚地图》《秦秣陵县图》《汉丹阳郡图》上均记载有“越城”或“越长干城”。至清代中叶，还能找到越城的零星遗迹，清代余宾硕的《金陵览古》中就提到：“出大报恩寺复由长干里……从此西行，可三百步，至越王城。城中有台，土人呼为越台。”近年来，随着西街片区的考古发掘，传说中的越城得以重见天日，作为南京城市发展中一个重要的历史节点，越城正在被越来越多的南京人所知晓。

熊商与金陵邑：史上第一个南京之名

“金陵”是南京的古称。公元前333年，楚灭越，楚威王熊商欲借南京的长江天堑为屏障，以图谋天下，于石头城筑金陵邑，金陵之名源于此。楚威王熊商是战国时期楚国的国君，公元前340—前329年在位，是战国时期楚国颇有作为的君王。在位期间，继承楚宣王振兴楚国的事业，在徐州大败齐军，并在金陵筑城，从而将楚国的势力扩张到了江淮地区，此间楚国的经济、军事得到了迅速的发展。

关于金陵邑，由于历史久远，对于金陵邑本身相关的历史记载不多，一般认为其外围由土墙筑成，但内部有什么建筑，住多少人，官府什么样都不清楚，只有元《至正金陵新志》引《乾道志》中有几句简单的描述：“金陵邑城在清凉寺西，去台城九里，南开二门，东一门。”但查阅历史资料，对于金陵邑的大致情况还是可以厘清的。

第一，金陵邑建立的时间及其背景。金陵邑建立的时间比较明确，就是公元前333年。《史记·越王勾践世家》记载，前333年，“楚威王兴兵而伐之，大败越……尽取故吴地至浙江”。随后，楚威王在石头山置金陵邑，并筑城为治，称为金陵邑城。唐代《建康实录》载：“越霸中国，与齐、楚争强，为楚威王所灭，其地又属楚，乃因山立号，置金陵邑也。”吴楚时期，南京地处“吴头楚尾”，属于三国（加上北方的齐国）交界的地方，因而并未受到重视，吴国在此并无行政建置。后来越灭吴，范蠡在金陵建了越城，也只是军事哨所的性质。楚灭越后，在长江边的石头山上建了金陵邑，这才使南京有了正式的行政建置。

第二，金陵邑名字的由来。《建康实录》说得比较明确，“乃因山立号”，金陵山就是今天的钟山、紫金山，故而先有金陵山，后有金陵邑。

《元和郡县图志》曰："钟山，在县东北十八里。按《舆地志》，古金陵山也。邑县之名，皆由此而立。"而《建康实录》中还有另一种说法："或云地接华阳金坛之陵，故号金陵。"它认为金陵邑名或取自句曲山，即今句容茅山。六朝之前茅山也有一地叫金陵，三国时孙权将茅山金陵改名为金陵之墟。但金坛华阳距离南京甚远，所谓"地接华阳金坛之陵"的是金陵之墟而非金陵邑，故此说有牵强附会之嫌。

既然金陵邑之名是因山立号，那金陵山的名字又是从何而来的呢？南宋《景定建康志》曰："金陵何为而名也？考之前史，楚威王时以其地有王气，埋金以镇之，故曰金陵。"此种说法流传甚广，但也有人质疑，先秦至六朝的史料中均未记录"楚威王埋金"之事，为何迟至南宋才冒出这样的说法来，对其可靠性存疑。

第三，关于金陵邑的行政级别。"邑"在古代为城的意思，通常指国都（都邑）、封地（封邑）、城市（城邑）、县，等等。按照这几种说法，金陵邑的"邑"为县的可能性比较大。南朝末期的《舆地志》指其乃"邑县之名"，较为可信。在今天的南京地界，金陵邑不是古代第一个"邑"级行政单位，在它之前有六合的棠邑（属楚国），还有高淳的濑渚邑（固城）等。棠邑的其中一任大夫叫伍尚，是六合见诸史籍的第一任行政长官，其弟伍员，也就是鼎鼎大名的伍子胥。《左传》曰："齐棠公之妻，东郭偃之姊也。"杜预注曰："棠公，齐棠邑大夫。"棠公既为棠邑大夫，则此处的邑，即应与县同义。以此类推，金陵邑也应是县级建置，并且是南京老城区内设立行政建置的肇始。金陵邑与早它 139 年建在秦淮河南岸的越城，相同之处都有军事功能，但金陵邑的不同之处是它同时还具有行政功能，对它周边的地域具有行政管辖权。

第四，金陵邑与石头城的关系。唐代《建康实录》认为"楚之金陵，今石头城是也"。南宋《景定建康志》也说"乃因山立号，置金陵邑，今石头城是也”，又说“后汉建安十六年，吴孙权乃加修理，改名石头城，用贮军粮器械，今清凉寺西是也”。东吴的石头城既然是据金陵邑“修理”而成，故而可以肯定，金陵邑的位置就在石头城的范围之内，即今清凉山上，其规模可能要小于石头城。

孙权与石头城:“六朝古都”的肇始

三国时期，东吴孙权在赤壁之战后，于东汉建安十六年(211)，将治所从京口(今镇江)迁至秣陵(今南京)。第二年，孙权就在石头山金陵邑(筑于春秋时期楚威王七年，前 333 年)原有城基上筑城，取名石头城。宋张敦颐《六朝事迹编类》记载：“吴孙权沿淮立栅，又于江岸必争之地筑城，名曰石头，常以心腹大臣镇守之。”关于石头山之名，清《同治上江两县志》中认为：“自江北而来，山皆无石，至此山始有石，故名。”孙权在石头山上建城，城随山名，就叫石头城。明代陈沂的《金陵古今图考》中收录了《孙吴都建业图》，图中便标明了石头城(石头)的位置。石头城素有“东吴第一军事要塞”之称，孙权之所以看上了石头山的位置，是

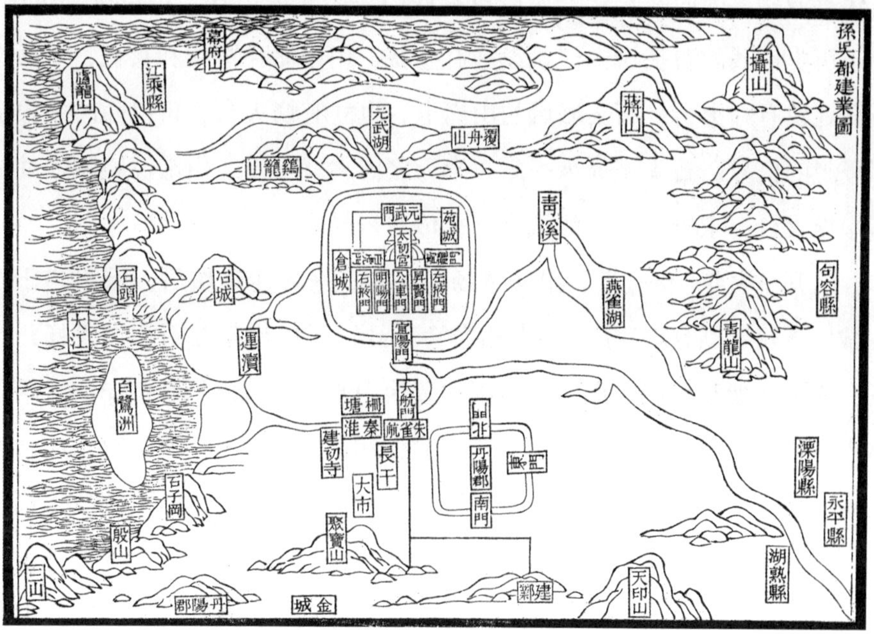

孙吴都城建业图

因它西临长江，南抵秦淮河口，在军事和交通上具有明显的地理优势。在此建石头城作为军事要塞，依山傍水，夹淮带江，发挥了“扼江控淮”的重要作用，山下的石头津也被作为孙吴最主要的水军基地。

石头城以石头山(今清凉山)西坡天然峭壁为城基环山筑造。南朝《舆地志》曰：石头城“环七里一百步(约合今3200米)，在县西南五里，去台城九里，南抵秦淮口，今清凉寺西是也”。据2012年春公布的考古勘测结论，六朝石头城北垣在清凉山北麓近山顶处，东到清凉山东岗，西延至国防园东岗，折而向南，长约1100米；西垣在今外秦淮河东岸，长约800米；南垣延乌龙潭北岸，长约450米，西南角的盋山上建有烽火楼；东垣自清凉山东岗至乌龙潭，长约820米；围合成不规则的梯形，周长约3200米，与史籍记载的石头城周长七里一百步正相吻合。

薛冰先生的《南京城市史》中，对石头城有较大篇幅的记载。石头城最初开有三座城门，东边一门，南边二门，分别称为南门和西南门，南门上建有城楼。因西邻长江，所以没有西门，而北依山丘，可以据为屏障。见于历史记载的石头城内建筑设施有仓城，用以储存军粮和兵械，城西南最高处建有烽火台，石头城后的山岗上，也立有烽火台，可以随时发出敌军侵犯的信号。石头城烽火一举，半天之内，就可以经由沿江险隘之处的座座烽火台，东抵苏州，西抵宜昌，传遍东吴全境。

隋开皇九年(589)春，隋文帝杨坚灭陈、平毁建康城后，下诏“于石头城置蒋州”，管辖江宁、溧水和当涂三县。唐代初年在石头城设扬州治所，成为隋朝和初唐时期南京地区的政治中心。唐代以后长江岸线日渐西移，石头城逐渐失去了沿江军事要塞的作用。自唐武德八年(625)后，石头城便开始废弃，故中唐诗人刘禹锡作《石头城》一诗云：“山围故国周遭在，潮打空城寂寞回。淮水东边旧时月，夜深还过女墙来。”诗人笔下的石头城，已是一座荒芜寂寞的“空城”了。五代十国时期，石头城上兴建了第一座寺庙——兴教寺，以后这里就成了寺庙、书院集中的风景名胜区。

时至今日，石头城西部的崖壁还在。这里当年被江水冲刷得如刀削斧砍一般，紫红色的石头城砾石裸露在外，其中一段石壁因风化作用，出现坑坑洼洼、凹凸不平的怪状，酷似一张面目狰狞的“鬼脸”，被南京人称为“鬼脸城”。

孙权与蒋陵：一座消失的皇陵

东吴距今已有1700多年历史，但南京的东吴遗迹仍有好几处。除了石头城，还有潮沟、运渎和青溪等东吴开凿的人工运河。今天的珍珠河就是古潮沟的一段，进香河、建邺路鸽子桥至涵洞口的河道都是古运渎的一部分，而今内桥至淮清桥段河道则是古青溪尚存的一段。宋代马之纯写有诗歌《潮沟》："潮沟沟外尽深泥，泥上潮生沟却低。直向北行连运渎，折从东去入青溪。空中不断樯乌过，岸上相望瓦翼齐。好是画桥深北处，荷花盈荡柳垂堤。"

东吴的遗迹还有一处孙权墓。孙权字仲谋，浙江富阳人，生于182年，229年登基称帝，共在位23年，于252年去世，终年70岁，葬于南京东郊紫金山南麓的孙陵岗（今梅花山）。

孙权墓史称"蒋陵"，又名吴王坟。这里就有一个疑问，孙权墓为何不叫孙陵而叫蒋陵呢？南朝山谦之在《丹阳记》中是这样解释的："蒋陵因山以为名，吴大帝陵也。"三国时紫金山名蒋山，孙权陵墓处蒋山之阳，因名蒋陵，依照这样来解释还是能说得通的。西晋陈寿的《三国志》记载："夏四月，权薨，时年七十一，谥曰大皇帝。秋七月，葬蒋陵。"唐代许嵩的《建康实录》也有记载："神凤元年夏四月乙未大帝崩……秋七月，葬蒋陵，今县东北十五里钟山之阳。"蒋陵内还葬有孙权的夫人步氏和皇后潘氏以及宣明太子孙登。

蒋陵的具体位置至今还是个迷，只知道大致范围在梅花山西麓。究其原因，一是年代久远，地面建筑遭到损毁；二是明代朱元璋建造孝陵时，曾下令迁移这一带的墓冢。孙权墓位于明孝陵正南300米，可以说近在咫尺，自然也在迁移之列。传说主持建陵工程的官员曾建议把孙权墓移走，朱元璋则说：“孙权也是一条好汉，留着给我看门吧!”因而明孝陵神道特意绕过了孙陵岗，造成此道并非直道且不在孝陵的南北中轴线上的情况，这在古代帝王的陵寝中是比较罕见的。虽然朱元璋手下留情，但极有可能将蒋陵残存的地面建筑清除掉，仅保留地下部分。据说孙权墓前的一对石麒麟就曾被迁移他处(至今下落不明)，以此来看，如今地表上找不到蒋陵的痕迹也很正常。由于种种原因，如今的孙权墓仅存一个石碑，一座石桥，一个注释牌，一座石像，且均为现代人所立。

为了纪念孙权，南京市在梅花山东侧修建了一座“东吴大帝孙权纪念馆”。纪念馆主体建筑呈扇形环抱式结构，主馆的正前方是一片半开放式广场，东吴大帝孙权的雕像就立于广场的中心位置。馆内展陈再现了孙权与三国、孙权与南京、孙权与钟山的历史渊源，集中展示了历史上第一个在南京建都的东吴时期的历史。

蒋子文与蒋山、蒋王庙：因避讳而产生的地名

南京有几个以“蒋”字开头的地名，蒋山、蒋州、蒋王庙、蒋陵（孙权墓）、蒋山寺（灵谷寺）等，都跟蒋子文这个人有关。因蒋子文（蒋歆）才有了蒋山，因蒋山才派生出其他“蒋”的地名。

蒋歆，字子文，东汉广陵（今扬州）人，当过秣陵（今南京）县尉，此职相当于今天的县公安局长或刑警大队长。他因追逐盗贼头部受伤，死在了钟山脚下，其故事传说在东晋史学家干宝所著的《搜神记》卷五中有专门记载。

远在春秋战国时期，今天的紫金山叫金陵山，汉代称为钟山。蒋山之名出现在三国时期的东吴，跟孙权有关。东汉建安十七年（229），孙权迁都于秣陵。为避其祖父孙钟之讳，以东汉末年战死钟山的秣陵县尉蒋子文之姓改名为蒋山，且于紫金山之阴为其立庙（即今之蒋王庙），追封中都侯。自从有了蒋山之名，位于蒋山之阳的孙权墓顺理成章就被称作蒋陵，灵谷寺也就被称作蒋山寺了。蒋州之名也来自蒋山。据清代顾祖禹《读史方舆纪要》记载，隋朝灭陈后更建康名为蒋州（后废），管辖江宁、溧水和当涂三县，州治就设在石头城。唐代武德年间曾短暂复称，前后历时21年。蒋山和蒋州的名称，对于今天的南京人来说比较陌生，也许是年代久远且存续时间不长，后来又改称它名的缘故。

“蒋”的地名使用时间最长的还数蒋王庙。自魏晋南北朝起，蒋子文被历代朝廷所尊崇，甚至被追尊帝王，蒋王庙始终香火不断。宋代曾极的《蒋帝庙》诗云：“白马千年系庙门，炉烟浮动衮龙昏。阖棺谩说荣枯定，青骨犹当履至尊。”记录了宋代蒋王庙“炉烟浮动”的盛况。民国朱偰的

《金陵古迹图考》中载：“蒋子文之庙，始兴于吴，崇于晋，大于南齐，而衰于明。”

蒋王庙庙宇至民国时期还在。从历史照片中可以看到，拱形的山门上书有“敕赐蒋王庙”字样。1912 年此庙被改为私塾，后又改为中华民国义农会附设农林小学校、蒋王庙小学等。这里还有远近闻名的蒋王庙庙会，时间为每年的农历四月十五。当年庙会的规模很大，从庙门前往外绵延数里，各色商品应有尽有，庙内的戏台还有戏班子演出。蒋王庙周边尧化门、迈皋桥、王家湾、唐家山等四乡八镇的男女老少都来赶庙会，蒋王庙小学则被临时征用为庙会的指挥部，学生们也放假一天。来赶庙会的小贩一般提前几天到，或是晚上在街上打地铺，或是花几元钱到附近的居民家借住一晚，条件好的带着帐篷来，都是为了庙会正式开始时能抢个好摊位。二十世纪六十年代，蒋王庙被拆毁，2005 年庙会正式停办。现在的南京，与之有联系的只剩下蒋王庙(街)这个地名了。

除了蒋王庙，紫金山北麓的白马公园也跟蒋子文有关。传说在东吴初年，有官员看见蒋子文在大道上乘坐白马、手执白羽扇，侍从左右跟随，和生前一模一样，当地人于是称此地为白马村，今为南京白马公园。也有传说蒋子文有一匹雪白的骏马，曾用马蹄刨出泉水，供四乡百姓饮用，如今在白马公园里就有一尊很漂亮的“白马刨泉”石雕像。

诸葛亮与驻马坡：钟阜龙蟠　石头虎踞

驻马坡位于南京清凉山公园北坡，坡上镶嵌着“驻马坡”石刻，石刻旁建有驻马亭、诸葛亮铜像等。208 年，诸葛亮奉命出使东吴，与孙权共商抗魏大计。途经秣陵（今南京）时，诸葛亮曾跃马登上石头山（今清凉山）观察秣陵的山川地势，由衷地感叹道：“钟阜龙蟠，石头虎踞，此乃帝王之宅也！”清代陈文述的《秣陵集》卷一云：“诸葛武侯驻马坡，在石头城，相传武侯至吴，驻此以观形胜，谓钟山龙蟠，石城虎踞即此……”

三国是中国历史上的一个大分裂时期，魏蜀吴三分天下，华夏烽烟四起。208 年，曹操给孙权下战书：“今统雄兵百万，上将千员，欲与将军会猎于江夏。”为了共商破曹大计，诸葛亮奉刘备之命出使东吴。当诸葛亮途经秣陵的石头山时，驻马观望山川形势，看到以钟山为首的群山，像苍龙一般蜿蜒盘伏于东南，以石头山为终点的西部诸山，又像猛虎一般雄踞长江之滨，不禁发出了上述的赞叹，并且力劝孙权迁都秣陵。211 年，孙权将治所从京口（今镇江）迁往秣陵，并改秣陵为建业。229 年 5 月，孙权在武昌（今湖北鄂州）登基称帝，四个月后迁都建业，南京“六朝古都”的历程由此肇始。

驻马坡所在的清凉山古名石头山，孙权曾在石头山上建石头城，作为扼江控淮的军事要塞。后来随着长江岸线的北移，石头城失去军事价值逐渐湮废。五代十国时，在山上建有兴教寺。南唐时曾建避暑宫于山上，并将兴教寺扩建，命名为石城清凉大道场，石头山也从此改名叫清凉山。北宋又改名清凉广惠禅寺。明朝时寺庙的规模达到了巅峰，此时清凉寺的名字为清凉禅寺。明清时，“清凉问佛”是金陵四十八景之一。如今这里建有清凉山公园，是南京人的避暑胜地，也是新金陵四十八景之一。

如今在清凉山下，还有“虎踞关”“虎踞路”“龙蟠里”等地名，都跟当年诸葛亮驻马坡的典故有关。城南也有个与诸葛亮有关的地名“军师巷”，位于内秦淮河上的朱雀桥与中华路之间。朱偰先生的《金陵古迹图考》云：“又镇淮桥东北军师巷，亦有武侯祠，甘熙《白下琐言》卷二：诸葛祠在信府河军师巷，相传和吴破魏时，武侯驻节于此。”

驻马坡是南京著名的六朝胜迹，历代诗人歌咏无数。宋代罗必元的《驻马坡》诗曰：“一登伟观眇山河，下有将军驻马坡。不是胸中兵十万，长江天险误人多。”宋代叶辉也有同名诗：“将军气势溢江河，跃马曾来驻此坡。坡下石头城最险，屯兵正自不消多。”

关于驻马坡，历史上存在诸多争议。有人认为既然诸葛亮说了龙盘虎踞，为什么这些遗迹集中在石头城而非钟山呢？可能有两个原因：其一，三国时，石头城外就是长江。诸葛亮顺江而下，首先就会到此；其二，石头城的开发比钟山早。公元前 333 年，楚威王灭越，在石头山筑城置金陵邑。钟山要等到东晋之后，才会迎来林繁木茂。

还有关于诸葛亮有没有到过南京，也是存有争议的。最早记录诸葛亮到过南京的，是西晋张勃所著的《吴录》，此书今已不存。唐代《建康实录》、北宋《太平御览》等均引用其说——刘备曾使诸葛亮至京，观秣陵山阜，曰：“钟山龙蟠，石头虎踞。”也有人说，在与《吴录》同一时期的《三国志》等正史中，诸葛亮游说孙权联合抗曹，地点在柴桑（今江西九江），并没有诸葛亮到过南京的记载。

诸葛亮是否来过南京的问题，清代学者韩弼元在《金陵诸葛武侯祠迎神送神词》中说道：虽然有人怀疑诸葛亮是否到过南京，但他“鞠躬尽瘁，死而后已”的精神，是“所以维持天下万世之人心于不敝者”“侯之神无所不在，侯之祀即无地不宜”。就像中国到处有佛寺、世界各地有教堂一样，完全不必计较诸葛亮是否确曾驻马于此。

罗贯中在《三国演义》第五十四回中写道："……二人立马于山坡之上，扬鞭大笑。至今此处名为'驻马坡'。"虽然《三国演义》不能当作正史来看，但至少说明作者也是认可"驻马坡"这一说法的。

张昭与老虎头：三国最执拗的忠臣

在南京城南老门东的赤石矶一带，有条东西向的巷子叫“老虎头”，此巷西起边营，东至江宁路，紧邻雨花门。据古书记载，三国东吴时期，孙权谋臣张昭居住于此。张昭受封吴娄侯，他在宅前开挖了一湖塘，谓之“娄湖”，当时的人便称其府宅所在地为“娄湖头”。一千多年下来，老百姓叫着叫着就把“娄湖头”说成了“老虎头”。清代陈作霖的《东城志略》云：“娄湖者，吴张娄侯昭所开也。……今湖久涸，而乱石狰狞，俗称‘老虎头’者，娄湖头之转音也。”民国夏仁虎的《秦淮志》亦云：“张昭宅在娄湖。昭封娄侯，湖其所开，故名娄湖。”娄湖现已不存，遗址应在今老门东三条营东头临近城墙根处的老虎头(娄湖头)街一带。

明朝初年，赤石矶一带曾为官府的留守后仓，货物往来频繁。为方便漕运，于是引仓前的娄湖水为渠，开凿了一条小运河。据《东城志略》记载：“明留守后仓，在赤石矶下，俗呼‘蟒蛇仓’。其转输之道，则引淮水以为渠，谓之小运河，自金陵闸东北傍白塔巷而流……运河水又南流，至麦子桥，娄湖水自五板桥、观音桥、藏金桥、采繁桥、星福桥、小心桥来汇之，所历者为半边营，(南岸皆河，有桥曰“安定”，今圮)为水左营，(明水军左所屯营之地)遂以达于仓焉。”可见娄湖在明代还存在，并且是小运河水的来源之一。

至于娄湖以及小运河是何时干涸的，《东城志略》载：“此水明人以为青溪，《吕志》以为西沟，实则淮水支流，古运河水也。今故道多塞，诸桥日平。每夏秋水涨，泛滥为患，病潦者十室而九焉。”可见在明清时期，娄湖与小运河经历了一个逐渐干涸、化为民居小巷的过程，如今留下的只有小运河白鹭洲至东园桥入内秦淮河一段。不过老虎头(娄湖头)以及当年小运河上的五板桥、蔡板桥（采繁桥）、心腹桥（星福桥）、小心桥和骂驾桥（马家桥）以及水佐营等作为街巷名却被保留至今，算是作为这段历史的佐证。

《三国志》中记载，张昭，字子布，徐州彭城人，早期便受到孙策的重用，官拜长史和抚军中郎将。建安五年（200），孙策遇刺重伤，临终前将弟弟孙权托付给张昭。孙策嘱咐张昭说："若仲谋不任事者，君便自取之。正复不克捷，缓步西归，亦无所虑。"从此张昭遵从孙策的遗愿，一心一意辅佐孙权。张昭是三国时期最执拗的忠臣，他敢于在孙权面前直抒己见，也为东吴立下了不少功劳，很受孙权敬重。后来张昭称老退位，上交了自己统领的部属，被改拜为辅吴将军，地位仅次于三公（丞相），改封娄侯，食邑万户。

据《三国志》记载：232 年 10 月，曹魏辽东太守公孙渊在辽东反魏，向孙吴称臣以为外应。张昭劝谏道："公孙渊背叛魏国而惧怕其征讨，所以才远来求援，这不是他的本意。如果公孙渊改变意图，想要自我表白于魏，那两位使者就回不来，这难道不会让天下取笑吗？"孙权与其反复争辩，坚持遣使前往辽东，张昭愤恨自己的话不被采纳，于是退居不朝。孙权盛怒之下，命令用土封住张昭的家门，表示他永远不必出门了。张昭也用土从门内将门堵住，以表示他也永远不打算出门了。结果公孙渊出卖孙吴，杀了孙权派到辽东去的使者张弥和许晏。这时孙权才感到后悔，数次派人请张昭上朝无果，但又不愿道歉示弱，于是下令用火烧张昭的家门，以此逼他出门。但这方法也没吓倒张昭，因此孙权只好下令将火熄灭。最后孙权在张昭家门前久站不去，张昭才在儿子的搀扶下，出门与孙权和解。

张昭作为辅佐孙策、孙权两代的重臣，对于江东的稳定起了重要作用。孙权在位时对群臣大多直呼其字，唯独称呼张昭为张公，称张纮为东部，可见孙权对二人的敬重。236 年 3 月，张昭去世，享年 81 岁。他遗令丧事从简，装殓入棺时都没有更换衣服。孙权身着素服前往吊唁。《三国志》中有对于张昭的评价，孙策言："昔管仲相齐，一则仲父，二则仲父，而桓公为霸者宗。今子布贤，我能用之，其功名独不在我乎！"孙权则曰："孤与张公言，不敢妄也。"

在朝天宫以西的运渎上，还有座张公桥也与张昭有关。此桥是运渎支流向西流入外秦淮河的最后一座桥，张公桥向西的铁窗棂（即虎踞路上的涵洞口），就是古运渎入外秦淮河之处。据《南京古代桥梁沿革表》称，六朝至宋元时期，此处均有张侯桥名。传为三国吴娄侯张昭所建，又名张公桥，明代已不见其名。清《同治上江两县志》城图却载有张公桥名，并一直沿用至今。清代陈作霖的《运渎桥道小志》称："张公桥，一名周家桥，不知其所缘起也。"光阴荏苒，时代变迁，虽然张公桥如今只默默蜗居在朝天宫西街南面一条不起眼的小巷里，但它留给人们的那段历史故事，却是值得后人回味的。

周处与周处读书台：真假难辨的历史故事

城南武定门地铁站西侧，有条南北向的小心桥东街，沿此街往南走到底便是小心桥街。古代小运河从这里流过，河上有座小心桥。传说西晋有个叫周处的人，自小顽劣，作恶多端，改邪归正后来到南京，有次路过此桥回家时，有一白眉老者提醒他要小心桥上的恶魔，桥以此传说得名。如今在小心桥之南的老虎头43号，有座牌坊式大门，横额上写有“周处读书台”五个字。与这处古迹相关的故事，可以追溯到1700多年前的东吴。在南京被命名为“读书台”的古迹有多处，但保存最完好的，就是这处周处读书台。

关于周处改过自新的故事，《晋书》与《世说新语》中都有记载。周处是义兴阳羡人(今江苏宜兴)，其祖父周宾为三国东吴咨议参军，后转任广平太守。父周鲂为东吴名将，任鄱阳太守，赐爵关内侯。周处年轻时张扬跋扈，危害乡里，当地人将他与南山之虎、长桥之蛟并列为“三害”。乡间有民谣说：“小周处，体力强，日弄刀弓夜弄枪。拳打李，脚踢张，好像猛虎扑群羊。吓得乡民齐叫苦，无人敢与论短长。”

有一天，周处问乡里老人：“今年风调雨顺，丰收在望，大家为何愁眉不展?”老人回道：“三害尚存，怎能快乐！”周处追问：“是哪三害?”老者直言不讳：“南山猛虎，长桥蛟龙，还有就是你。”周处听后难过至极，决心为民除害。于是，他只身入南山射杀猛虎，又下水与蛟龙搏斗三天三夜，终于将其斩杀。当精疲力竭的周处回村后，却见家家户户放鞭炮庆贺。原来，见周处数日不归，人们误以为他与蛟龙同归于尽，故而举村同庆。周处心灵为之震撼，幡然醒悟，于是就来到建业（南京）想拜鼎鼎大名的陆机和陆云为师。

当时陆机不在，见到陆云，他具实相告，说：“我想修养操行而年纪已大，恐怕来不及了。”陆云说：“古代的人看重朝闻道且晚上就改变过失，你前途还可以，应担心志向不立，何必忧虑美名不彰呢？”于是周处磨砺意志，发奋好学，既有文才，又有讲仁义刚烈的志气。一年后，州府交相征召，他在吴国出仕任东观左丞。孙皓末年，做无难都督。西晋时又任新平太守、广汉太守，迁御史中丞。他为官清正，不畏权贵，因而受到权臣的排挤。西晋元康六年（296），授建威将军，奉命率兵西征羌人，次年春于六陌（今陕西乾县）战死沙场。死后追赠平西将军，赐封孝侯，归葬宜兴老家。为了纪念他，人们将他在南京住过的地方改称“周处街”（即今长乐路南的剪子巷），在他读书的地方建了一座“周处读书台”。

据文史专家考证，周处台原是周处担任吴国东观左丞时的堂宅，名为“子隐堂”。唐宋及以前的有关史书，均无“读书台”之说。到了明代，可能因为金陵文人顾起元在《客座赘语》中，误称此地为周孝侯读书台的缘故，便在民间流传下来。据清代《嘉庆新修江宁府志》记载，周处读书台现存的建筑建于清代。据说旧时周处台享堂内，曾悬挂有豹发环眼、英姿勃勃的周处画像，其下为神主牌位，上有“晋散骑常侍平西将军周孝侯讳处字子隐之位”。历经沧桑，现仅存镌有“周处读书台”的石门楼一座。清代文学家、《儒林外史》的作者吴敬梓当年来此瞻仰时，曾作有一首《登周处台同王溯山作》：“高台多春风，旭日照彼岨。揽袂试登临，怀古遥踟蹰。昔者周孝侯，奋身三恶除。家本罨画溪，折节此读书。古今同一辙，与君皆侨居。工愁吴季重，深情王伯舆。抗志慕贤达，悠悠千载馀。”

关于周处改过自新的故事，历史上存在诸多质疑。唐代刘知几在《史通》中就认为，《世说新语》毕竟不是信史，而是小说家言，《晋书》的修撰者未经甄别，就把它当作可信的资料载入了史册，做法很不严谨。虽然周处的传说难辨真伪，至少此人在历史上真实地存在过，其中弃恶从善的思维导向，是值得世人提倡的。

阮籍与阮籍墓：晋代衣冠成古丘

阮籍墓即便在其所处的南京老城南，知道的人也很少，且阮籍墓地处偏僻，并不对外开放。写此篇短文，也是想让更多的人知道，在南京老门西的花露岗上，还有座阮籍墓。2022 年，南京老门西文化守望者协会组织评选出了“门西二十四景”，“阮籍衣冠冢”便名列其中。

阮籍是魏末晋初的“竹林七贤”之一。七贤是指当时的的七位名士，即阮籍、嵇康、山涛、刘伶、阮咸、向秀和王戎。他们经常在当时的山阳县(今河南焦作修武县，可能为现今云台山一带)竹林之下，喝酒纵歌，肆意酣畅，世谓七贤，后与地名竹林合称。他们在生活上不拘礼法，清静无为，以作品揭露和讽刺司马朝廷的虚伪。

阮籍字嗣宗，河南尉氏县人，出生于建安十五年(210)，曾出任步兵校尉，世称“阮步兵”。阮籍逝于 263 年，终年 54 岁，葬于他的老家尉氏县阮庄村，南京的阮籍墓只是他的衣冠冢。阮籍在世时，也算是个名人，司马昭为了拉拢他，就想和他结为亲家。阮籍为了躲避这门亲事，便每日喝酒直到酩酊大醉，一连两个月醉生梦死。那个奉命前来提亲的人，根本就没法向他开口。最后，只好回禀司马昭，司马昭无可奈何地说：“唉，算了，这个醉鬼，由他去吧。”(《晋书·阮籍传》)鲁迅对阮籍曾有评价：“阮籍作文章和诗都很好，他的诗文虽然也慷慨激昂，但许多意思都是隐而不显的。”

为一睹阮籍墓的真面目，笔者于写作本篇前特意前去探墓。路过城南集庆路东口，此地旧名“梧桐树”，旧时近旁有条小巷叫“七贤坊”，即为纪念晋代阮籍等“竹林七贤”而命名。由梧桐树西行，便是仓坡、仓顶，为花露岗的支脉。从凤游寺路左拐南行百米，再左拐进花露北岗

(巷)往上坡走不远，古瓦官寺斜对面的花露北岗21号，就是阮籍衣冠冢所在。此处现为南京市文枢初级中学(前身是南京四十三中)的校园，墓地就在校园的东南角。进校门径直至南面围墙前，从左侧一小铁门进去上几级台阶，这里就是阮籍的墓园。墓园面积不大，周围被白色的围墙或铁栅栏围住，墓碑朝西，上书“晋贤阮籍之墓”，碑后即是墓冢，墓顶和周围长满了青草。朝南的白墙上，镶嵌着一块文保碑和一块文字碑，上书“阮籍墓在秦淮区双塘街道花露岗社区花露北岗21号，南京市文物保护单位。为三国时期曹魏阮籍墓，明万历年间(1573—1620)建，系东晋学子为纪念先贤阮籍所立的衣冠冢。清光绪二十四年(1898)曾立墓碑，今已佚。1981年经整修，下以青灰色砖砌成，上覆封土堆，通高约1.85米，底径约5.3米，呈圆锥形。”

史籍中对阮籍墓有所记载。唐代李白《登金陵凤凰台》诗中的“凤凰台”就在此地，诗中的“吴宫花草埋幽径，晋代衣冠成古丘”，应该跟阮籍衣冠冢有关。据清代《江宁县志》记载：“(明代)万历壬辰，李公昭于台旁掘地，得断碑二，曰‘晋贤阮籍之墓’。旧志未载。”说明此地为阮籍之墓。清末民初陈作霖、陈诒绂所著《金陵琐志九种》亦载：“山旁有阮步兵籍墓。明万历间，李昭掘得石碣，有‘晋贤阮’三字已。又得半段曰‘籍之墓’，因以为步兵葬于此。籍生长中原而埋骨江左，意者南渡之际举族东迁，舆榇以至与。”

经历千百年历史变迁，阮籍墓被埋没于荒山野草之中。1934年7月17日，上海《新闻报》报道：“晋阮籍墓在南京市区内发现，将与六朝胭脂井同时修理。”现在的墓为1981年重新整修。阮籍墓曾经有过三个墓碑，其一为清代雍正年间发现的石碑：“晋贤阮步兵墓”；其二为清光绪年间石碑，应该就是朱偰先生照片所拍摄的石碑，此碑大约毁于“文革”期间；其三为1981年整修墓冢，于1984年3月重立的碑：“晋贤阮籍之墓”。

左思与《三都赋》:“洛阳纸贵”的出处

左思是西晋著名文学家，他写的《三都赋》你也许不够了解，但“洛阳纸贵”的成语却是尽人皆知的，这句成语就典出《三都赋》。《三都赋》一经面世，便在当时的京城洛阳引起轰动，成为一时爆款，留下了“洛阳纸贵”的佳话。《晋书·左思传》载：“豪贵之家，竞相传写，洛阳为之纸贵。”是说当时京城的人们竞相传抄，一下子使纸价大涨了好几倍，并被销售一空，不少人甚至跑到外地买纸，抄写这篇千古名赋。

赋，是古代诗歌的表现手法之一，盛行于汉魏六朝。在左思之前，东汉的班固与张衡分别写过《两都赋》和《二京赋》，使左思很受启发，激发了他创作《三都赋》的念头。为了写《三都赋》，他历经十载寒暑，收集了大量的历史、地理、物产、风俗人情等方面的资料。写作时他格外专注，就连他的家门口、庭院和厕所里，都摆放着纸笔，有时偶得佳句，便马上记录下来，到了茶不思饭不想的程度。功夫不负有心人，280年前后，他终于写成了雄浑精深的《三都赋》。此赋包含《魏都赋》、《蜀都赋》和《吴都赋》三篇，分别描写了三国时期魏都邺城、蜀都成都和吴都建业(今南京)的自然地理、历史风貌及人文特色。内容丰富，体制宏大，辞藻壮丽，下笔琳琅，堪称中国古代赋篇的经典之作。

《三都赋》中有《吴都赋》，写的就是东吴都城建业。左思笔下的建业城是这样的：“高闱有闶，洞门方轨。朱阙双立，驰道如砥。树以青槐，亘以绿水。玄荫眈眈，清流亹亹。列寺七里，侠栋阳路。屯营栉比，解署棋布。横塘查下，邑屋隆夸。长干延属，飞甍舛互。”区区六十来字，内涵极其丰富。从这些华丽的文字中，不难想见当时的建业城已是何等恢弘，府庙建筑绵延七里，笔直的驰道贯穿其中，两侧树以青槐，亘以绿水，玄荫眈眈，清流亹亹，写出了建业无比的秀丽与繁华。文中提到的地名，至今也是可以对号入座的。例如“朱阙双立”，即指建业城南郊的牛首山双峰(此山古名天阙山)；“驰道如砥”中“驰道”的南端，就在今中华门外的西街一带；“横塘查下”中“横塘”一名，南宋张敦颐的《六朝事迹编类》载，三国孙权时，自长江口沿秦淮河南岸筑堤，谓之“横塘”，北宋曾巩的“雨过横塘水满堤，乱山高下路东西”即指此处，也有说横塘就是今天的莫愁湖，“查下”也曾是古代南京的闾巷名；“长干延属”中的“长干”，即指古长干里，位于今天的南京雨花台与内秦淮河之间，如今这里尚有长干桥、长干门的地名存在着。唐代李白曾写有《长干行二首》，也是当年他游长干里之后所作。

《三都赋》的问世，震撼了西晋文坛。陆机是西晋著名作家，号称“天才秀逸，辞藻宏丽”，又被称为“弘丽妍赡，英锐飘逸，亦一代之绝”(见《晋书·陆机传》)，且其自视清高。《三都赋》未出之前，左思只能算个文学爱好者，根本入不了陆机的法眼。据《晋书·左思传》记载：“陆机入洛，欲为此赋，闻思作之，抚掌而笑……及思赋出，机绝叹伏，以为不能加也，遂辍笔焉。”是说当时初入洛阳的陆机，也曾起过写《三都赋》的念头。他听说名不见经传的左思在写《三都赋》，便给弟陆云写信说：“京城里有位狂妄的家伙写《三都赋》，我猜他写成的东西只能给我用来盖酒坛子!”谁知左思的《三都赋》问世后，竟然一炮打响，陆机也深感佩服，打消了自己写《三都赋》的念头。

由此可知，《三都赋》的问世，引起了文坛的崇拜和叹服。《晋书·左思传》引卫权说：“余观《三都》之赋，言不苟华，必经典要，品物殊类，禀之图籍，辞义瑰玮，良可贵也。”后世南朝刘勰的《文心雕龙·才略篇》说：“左思奇才，业深覃思，尽锐于《三都》，拔萃于《咏史》，无遗力矣。”唐代白居易诗曰：“一缄疏入掩谷永，三都赋成排左思”，这两句的意思大致是：“一纸奏疏让谷永埋没(也可能是死)了，一篇《三都赋》让左思名垂史册。”

王导、谢安与乌衣巷：世家大族的“高干区”

乌衣巷在南京夫子庙文德桥南，人们了解乌衣巷，更多的还是因为唐代刘禹锡的诗作《乌衣巷》：“朱雀桥边野草花，乌衣巷口夕阳斜。旧时王谢堂前燕，飞入寻常百姓家。”穿过乌衣巷建筑群，南面出口的对面，才是真正的乌衣巷所在，此巷西连琵琶街，东至白鹭洲公园。

乌衣巷是一条古老的巷子，东吴时曾设军营于此，为禁军驻地。由于当时禁军身着黑色军服，所以称乌衣营。东晋时改称乌衣巷，是当时的“高干区”所在，王导、谢安等世家大族都居住在这里。当年王谢两家的府邸高门大院，冠盖簪缨，为六朝巨室，很有气派。隋唐以后，乌衣巷逐渐沦为民宅，因而才有了“旧时王谢堂前燕，飞入寻常百姓家”的情境。

王导与谢安都是东晋政坛大佬，门阀政治的代表人物。王导出身于魏晋名门琅琊王氏，早年便与琅琊王司马睿交好，后建议其移镇建邺，又为他联络南方士族，安抚南渡北方士族。王导是司马睿的坚定支持者，东晋政权的奠基人之一。八王之乱后西晋元气大伤，北方陷入五胡乱华的混乱局面。317 年西晋灭亡，同年，司马睿在王导等人的拥戴下，南渡长江在建邺（改名建康，今南京）称帝（晋元帝），开启了东晋王朝。为了感谢王导，司马睿封他为宰相（宰辅），甚至在登基之日提出“命导升御床共坐”，封其为“仲父”，还经常说“卿，整形之萧何也”。此后王导官居宰辅，总揽元帝、明帝、成帝三朝国政。

东晋司马氏虽然高居皇位，但皇权已被严重削弱，朝廷实际由世族主导。先有琅琊王氏王导、王敦，后有陈郡谢氏谢安、谢玄等，史称“王与马共天下”“谢与马共天下”。在当时，皇帝只相当于橡皮图章，朝廷当家作主的则是王导、谢安这些三公级别的大臣，而且重要官员甚至皇家的亲眷，都得在世家大族中产生。有人说王导家族先后产生了35位宰相、36位皇后和36个驸马。书圣王羲之以及儿子王献之、王洵、竹林七贤之一的王戎等都是王家后人。

谢安及其家族是继王导家族之后，在东晋政坛最具影响力的家族。谢氏在政坛的崛起，则缘于著名的淝水之战。383年，前秦苻坚雄心勃勃想要完成大一统，他亲率前秦87万大军，一路向南杀来，江南的形势岌岌可危。危急时刻，赋闲在家的谢安东山再起，领命出征，于淝水(今安徽寿县东南方)与前秦军决战。此战中谢安坐镇后方统一指挥，谢玄、谢石等在前方冲锋陷阵，最终东晋仅以八万之军大胜八十余万(实则仅二十多万)的前秦军，谱写了中国历史上以少胜多的典型战例。此后元气大伤的前秦，因此而分裂为后秦、后燕等若干小国，而东晋则乘机北伐，把边界线推进到了黄河南部。

淝水之战的胜利，是对谢氏家族军事能力和政治智慧的检验。凭借这场胜利，谢氏家族在政治舞台上的地位得到巩固。然而谢安选择在政治生涯的顶峰主动退隐，谢玄这位战场上的英雄，在生命最灿烂的时刻却突然谢幕，留下家族和朝廷无尽的哀伤和空缺。在谢安之后，谢氏家族虽然保持着一定的政治地位，但已经无法像谢安那样扮演主导角色。从此谢氏家族在东晋政坛的地位逐渐下降，与之相对应的是庾氏、桓氏等其他家族和势力的崛起。不过谢氏家族在文学与艺术领域出过不少杰出的人才，如谢鲲、谢尚、谢奕、谢万、谢道韫、谢混、谢灵运、谢惠连、谢朓、谢庄等，优秀军事人才则有谢石、谢玄、谢琰、谢晦等。

如今乌衣巷1号设有“王导谢安纪念馆”，馆内有来燕堂、鉴晋楼等建筑，陈列着珍贵的六朝文物，是一座展示六朝文化艺术及王、谢两大家族家世的专题性陈列馆。

卞壶与全节坊：忠君爱国的全节之臣

南京朝天宫西侧的冶山上，有东晋名士卞壶(kǔn)的人物雕塑、墓碣、忠孝亭、全节坊等一系列纪念性建筑，向世人无声叙述着卞氏一门无私无畏、忠义报国的家族往事。卞壶是东晋名臣，曾是太子司马绍的老师，在东晋的两次叛乱中均立下大功。王敦之乱时出任领军将军，选为顾命大臣；苏峻叛乱时带兵平叛，与其两个儿子以身殉国，葬于朝天宫西侧的冶山上。

人们称卞壶为“全节公”，在他去世后为他立“全节坊”，何为“全节”？此乃白璧无瑕、尽善尽美、才德兼备、正气浩然、彬彬有礼、高风亮节之义，可见这是后人对他的极高评价。卞壶(281—328)，字望之，济阴冤句(今山东曹县)人。东晋明帝时，他官至尚书令，成帝即位后，卞壶与庾亮共辅朝政。他身为朝廷命官，为官公正廉明，刚正不阿，不畏权贵，以忠孝著称。后人将他的事迹概括为四个方面：一是整顿纲纪，不畏豪强；二是指斥时弊，匡风正俗；三是临危受命，死战到底；四是义声忠魂，千载流芳。

卞壶坚守孝道，富有家国情怀。其继母去世，在她下葬后晋元帝就命他复职，但其一直不肯，最后更是上书元帝，陈说自己一定要守孝，元帝被卞壶的诚意和孝心感动，就没有逼迫他回朝。“帝以其辞苦，不夺其志。”(《晋书》)直到服丧期满，卞壶才回朝复职。

东晋依靠门阀世族建国，以琅琊王氏为首的世家大族在朝廷中地位显赫，位高权重。尽管如此，卞壶刚正不阿，不畏权贵。《晋书·卷七十·列传第四十》记载：“帝崩，成帝即位，群臣进玺，司徒王导以疾不至。

壸正色于朝曰：‘王公岂社稷之臣邪！大行大殡，嗣皇未立，宁是人臣辞疾之时！’导闻之，乃舆疾而至。”是说明帝即位，王导因病而不参加登位进玺的仪式，卞壸严肃地说：“王公还怎是国家重臣！皇帝正在举殡，新君又未立，难道是人臣以病推托的时间！”王导听说后赶紧抱病前去。

苏峻叛乱发生后，朝廷命卞壸率军防御。卞壸知道敌强我弱，此去九死一生，却毫不犹豫，慨然出征。他的部下亲信劝他提前备好良马，以防战败时骑马脱身，被他严辞拒绝。卞壸率兵与叛军大战于西陵，很快被击败，退兵后向朝廷请罪。朝廷令其继续作战，后双方又激战于青溪，仍抵挡不住叛军攻势。叛军攻进城后，到处纵火，卞壸军队大败。当时卞壸背疮发作，仍身先士卒，冲锋陷阵，血战至死，时年48岁。跟随他作战的两个儿子卞眕、卞盱，见父牺牲，拼命杀敌，皆力战而亡。父子三人同时为国捐躯，卞壸夫人裴氏强忍悲痛，抚摸着两个儿子的尸体哭道：“父为忠臣，汝为孝子，夫何恨乎！”（《晋书》）

卞壸的忠孝之举，受到历朝历代朝廷的尊崇。唐太宗称其为“忠烈之勋”；宋高宗专门赐其“忠烈”庙额；明成祖称赞其“千古忠孝表清门”，朝廷为他立“御赐全节坊”，两侧石柱刻对联“千秋节义声尤赫，一觉忠魂梦亦甘”；清康熙帝巡视江南，到其祠堂祭祀，赐御书“凛然正气”匾额；乾隆帝多次前往祭祀，并御赐“典午孤忠”匾额。

清雍正五年(1727)，文学巨匠吴敬梓登金陵冶山，拜谒卞公祠墓，填词一首《满江红·冶山卞忠贞公庙》：“子孝臣忠，垂竹帛，功名如许。想当日，直言正色，褰裳卫主。北府军兵遗恨在，南朝君相清谈误。便全家碧血染雕戈，青溪路。国运改，荒坟墓。王者作，新祠宇。看衣冠剑佩，精灵呵护。独叹谢鲲称放达，堪羞王导虚名誉。怅千秋，洒泪冶城边，听春雨。”

谢玄与谢公祠：
“淝水之战”的强力前锋

《南京地名大全》中记载：“谢公祠，街巷。位于中华门西。东起磨盘街，西至鸣羊街。宋《建康志》载：‘在城西南隅戒坛院侧，祀晋康乐公谢玄。’宋乾道间建，明正德四年(1509)重建，今已不存。谢玄墓在其附近。巷因以名。亦名谢公祠巷。”

谢玄是东晋豫州刺史谢奕之子、太傅谢安之侄。383年，他在淝水之战中以少胜多，一战成名。此役晋军与前秦军对峙于淝水(今安徽寿县东南)，晋军前锋都督谢玄心想，以我区区七八万人跟对方几十万大军硬拼，等于鸡蛋碰石头。硬的不行，只能兵不厌诈了。于是谢玄派人对苻坚说，你把部队退过淝水去，待我明日过河与你决战。苻坚不知是计，心中窃喜：好啊，待你渡河一半，我便杀将过去，让你死无葬身之地。第二天一早，待前秦军开始后撤，谢玄事先派入对方营中的内应便四处高喊：“前军失败了！前军失败了！”后面的部队一听，那还楞着干什么，保命要紧，赶紧跑吧！一时间前秦军阵脚大乱，兵找不到将，将找不到兵，晋军乘机掩杀过去，一举击溃对手，大获全胜。第二年，谢玄又率军先后收复了河南、山东、陕西南部等地区。385年，谢玄因病辞去七州军事归始宁县，改任左将军、会稽内史。三年后谢玄英年早逝，年仅46岁，因功被封康乐县公，获赠车骑将军、开府仪同三司，谥号“献武”。

关于谢玄墓址，史籍有不同的记载。有的说在浙江上虞，也有的说在江苏南京。明代《绍兴府志》中记载：“谢玄墓，在东山。《南史》：谢灵运父祖并葬始宁。”始宁即今绍兴市上虞区。而更多的说法则是谢玄葬于南京。

据明代周晖《金陵琐事》载："谢玄墓在徐府西园中凤游堂后。建园取土时，曾见其墓石，知为玄墓，遂掩之。去园东南不五十步，有谢玄庙。庙中碑一通，乃侍郎罗玘文。"此处所说的徐府，即为明初徐达的五公子徐继勋府邸，徐继勋于花露岗麓修建西园时，曾发现有谢玄墓葬。但南宋以前的典籍中，并未见有谢玄墓址的相关记载。明代《南京都察院志》卷二十一中记载："谢玄墓，在徐府西园中凤游堂后，近谢玄庙，近瓦官寺。"若干年前在谢公祠（巷）附近，发现了"晋康乐公碑"，谢家三公（谢安、谢玄、谢石）中只有谢玄曾被封"康乐县公"，因此认定该碑为谢玄墓碑。

关于谢玄庙的位置，有着诸多历史记载。谢玄庙在谢玄墓冢东南五十步，名"谢公祠"（亦名康乐公庙，俗称谢将军庙）。宋《建康志》载：谢玄庙"在城西南隅戒坛院侧，祀晋康乐公谢玄"。明代《江宁县志》卷五中记载："康乐公庙，在县西杏花村北。《乾道志》载：谢玄庙'唐咸通九年建，在城西南隅。宋开宝四年重修，乾道间，统制鲁安仁，改近凤凰台，即今庙基。孙之翰记，景定四年，制使姚希得重修。正德中，太常罗玘改建，规制益宏，自为记。'"说明唐宋以来各朝，对谢公祠均有修缮。清代陈作霖撰《凤麓小志》卷一中记载，"……其右有谢公祠，以奉晋康乐献武公，因墓而祀者也（《景定志》），祠在城西南隅戒坛院侧，唐咸通九年建。"

随着时代变迁，谢公祠逐渐变成了民居，成了一条很不起眼的小巷。如今谢公祠早已消失，只留下了"谢公祠"的巷名。

王献之与桃叶渡：文人与民女的爱情故事

东晋琅琊王氏出过多个驸马爷，王献之就是其中之一。跟他爹王羲之一样，王献之也是书法家。他是王羲之的第七子，简文帝司马昱的女婿。王献之在书法造诣上，丝毫不亚于王羲之，只不过当时的名气没他爹大，但能与其父被世人合称“二王”，与张芝、钟繇、王羲之并列“四贤”，可见也是有两把刷子的。

王献之成年后深得宰相谢安赏识，提拔他当了官。王献之本已与一个叫郗道茂的姑娘结了婚，可偏偏又被皇家看上，挑选为新安公主司马道福的驸马，不得不与原配离婚。由于情感不顺，加上新安公主强势，王献之年仅四十三岁便撒手人寰，实为可惜。王献之的遗墨保存下来的很少，其传世名作《洛神赋十三行》又称“玉版十三行”。后人评论王献之的书法为“丹穴凰舞，清泉龙跃。精密渊巧，出于神智”。

桃叶渡原名南浦渡。如今它既是个渡口名，也是条街巷名。古桃叶渡在夫子庙以东，青溪与内秦淮河的交汇处。如今的桃叶渡巷紧靠桃叶渡，南起贡院街东，北至建康路淮清桥西。

当年在桃叶渡，发生过王献之与民女桃叶美好的爱情故事。相传王献之有一天买到了一方宝砚，他来到了南浦渡，准备用秦淮河水来洗砚发墨。就在这时，正巧遇上了出身书香世家，却又家道中落的女子桃叶。原来王献之买来的这方砚台，就是桃叶为了替父亲治病而卖掉的祖传砚台。桃叶心灵手巧，在家制作团扇拿到渡口的市场上来卖，希望赚些钱为父亲治病，两人就这样相识。王献之为桃叶的团扇题款作画，让团扇变得更加热销，可惜桃叶的父亲还是不治身亡。再后来桃叶成了王献之的小妾，她经常往来于秦淮河两岸。当时的秦淮河有100多米宽，加上此处又是秦淮河与青溪的汇合处，南浦渡水深流急，时常有翻船事故发生。王献之放心不下，常常亲自在渡口迎送，并为之作《桃叶歌》三首：

其一

桃叶映红花，无风自婀娜。春花映何限，感郎独采我。

其二

桃叶复桃叶，桃树连桃根。相怜两乐事，独使我殷勤。

其三

桃叶复桃叶，渡江不用楫。但渡无所苦，我自迎接汝。

《桃叶歌》和桃叶的故事，使得南浦渡名声大噪，久而久之，人们便把南浦渡称为桃叶渡了。桃叶渡是南京古代的名胜之一，从六朝到明清，均处在繁华地段，河舫竞立，灯船萧鼓。“桃渡临流”曾入选明代“金陵十八景”和清代“金陵四十八景”。1984年，在这里建了景点游园，在原渡口处立“桃叶渡碑”，并建有“桃叶渡亭”，临河处立有一石牌坊，横书“古桃叶渡”，正面两侧楹联为“细柳夹岸生，桃花渡口红”；背面为“楫摇秦代水，枝带晋时风”。

如今的桃叶渡并没有渡口，只是面对秦淮河与青溪，河边是石制的亲水平台。沿着两岸的栈道慢慢前行，你可以欣赏碧绿的秦淮河水，两岸明清风格的河房，以及时而驰过的秦淮画舫。相对不远处夫子庙里的热闹，这里显得很静、很闲。在这里，人们赏的不是美景，而是心境。

顾恺之与顾楼街:“点睛之笔”的由来

顾楼街原位于南京城南长乐路中段，西起中华路，东至武定桥，即今南京市第一医院门前的路段。1903 年的《陆师学堂新测金陵省城全图》中，还标有顾楼街名。东晋时这里出了位著名画家顾恺之，因顾家宅中有楼，街以顾楼得名。也有一种说法，此街是明末“秦淮八艳”之一的顾横波媚楼旧地，故得此名。但这与东晋顾恺之的顾楼街并不矛盾，因为二者相差了一千多年，也有重名的可能。

顾恺之(348—409)，小字虎头，江苏无锡人，从小就生活在南京，出身官宦之家，家境优越，使他自幼受到良好教育。顾恺之的成名之作，是他在瓦官寺画的维摩诘像。千年瓦官寺至今还在，位于南京老门西的花露岗，只是规模已大不如前。唐代瓦官寺里还有座巍峨的瓦官阁，据南宋祝穆的《方舆胜览》载：此阁“乃梁朝故物，高二百四十尺”。唐代大诗人李白曾在此写下《登瓦官阁》诗：“晨登瓦官阁，极眺金陵城。钟山对北户，淮水入南荣……”是说清晨登上瓦官阁远远望去，金陵城尽在眼中。北边是巍峨的钟山，南面的阁檐正对着浩荡的秦淮河水。

364 年，晋哀帝恩准在建康建造这座瓦官寺。寺庙开建地基那天，寺僧向士大夫募集布施，大家捐的钱并不多，众僧很是着急。有僧人找到顾恺之，请他为扩建寺院布施些钱财，顾恺之爽快地在捐款簿上写上了 10 万钱。和尚们过了些天来找顾恺之拿钱，顾恺之说：“待寺庙建好，你们先把一面墙壁刷白等着我，到时候钱就有了”，和尚们以为他说笑话。寺快建好了，和尚们又来请他。顾恺之来到寺里，关起寺门，用了整整一个月的时间，在那面白墙上画了一幅维摩诘像。维摩诘是传说中一位崇信佛教但不出家的居士。因维摩诘又称“金粟如来”，故顾恺之为瓦官寺作画时暂住于不远处的小屋被后人称为“金粟庵”，就在今瓦官寺南的五福街上。

像画好后，顾恺之却没有为维摩诘像点睛。他把和尚叫到面前说：“明天你们可以打开寺门，让人们进来看。第一天来的，每人要捐 20 钱；第二天来的，每人捐 10 钱；第三天来的，可以让他们随便捐。”顾恺之为瓦官寺布施，关起寺门画壁画的事，早已传开了。特别是那些大官、大商人，都盼望早一天能看到顾恺之亲笔画的维摩诘像。因此早上寺门一开，游客便络绎不绝，很多人都是慕名而来。

到了第三天的一早，顾恺之又来到了庙里，拿起画笔。在众人的关注下，只见他走到壁画面前，先是凝神静气，然后运笔挥毫，转瞬间用极其精妙的笔法给维摩诘点上了两只眼珠。在他落笔的瞬间，画上的维摩诘就像活了一样，两眼炯炯有神，整张壁画宝光流动，呼之欲出。这点睛的两笔，给壁画增添了极大的光彩，周围看画的观众欢呼雷动，赞叹声、掌声响成了一片，官员、商人纷纷解囊。瓦官寺募集到的善款后来经过点数，竟达到了百万钱之多，远远超过顾恺之写下的数目，一时传为美谈，也为后人留下了“点睛之笔”的成语。

顾恺之一生才华横溢，被人誉为“三绝”——才绝、画绝、痴绝。为便于作画，他在顾楼街上专门盖了座高楼。他作画时，不喜欢别人来打扰他的思路和情绪，所以他上楼后，总是把楼梯抽起概不见客，连老婆孩子也不见。明《正德江宁县志》记载：“恺之建层楼为画所，风、雨、寒暑不下笔，必天气晴朗时，乃登楼染毫，即去梯，妻子罕见。”顾恺之在南京创作了《洛神赋图》《女史箴图》等美术史上的名作，就连同时期的宰相谢安，也称赞顾恺之的绘画艺术为“苍生以来，未之有也”。唐代杜甫看过此画，题诗称赞“妙笔独难忘”。人们将他与南朝宋代的陆探微、梁代张僧繇并称为“六朝三杰”，顾恺之的绘画及其理论，为中国传统绘画的发展奠定了基础。

顾恺之还是个与众不同的人。《世说新语》里说，顾恺之吃甘蔗一反常态。别人从最甜的地方吃起，不甜了就扔掉，而顾恺之吃甘蔗从末梢吃起，越吃越甜，渐入佳境。顾恺之倒吃甘蔗节节甜，蕴含了深刻的生活哲理，不能不说乃人生之大智慧。

刘勰与钟山定林寺：《文心雕龙》的诞生地

据说南京东郊钟山（紫金山）脚下的定林山庄，新开了一座“刘勰与文心雕龙纪念馆”，查了导航地图也是如此标示，笔者择日特意前去参访。从陵园路进入钟山风景区，路上挤满了前来打卡的游客，都是慕名这里的梧桐大道而来。沿着陵园路来到明孝陵景区的七号门，进门后前行数百米，就是传说中的“纪念馆”所在。其实这里的名称不叫纪念馆，而叫钟山文学馆，至于钟山文学馆之前这里是否叫纪念馆，笔者不太清楚。进了文学馆大门，院子里正对着的是一尊刘勰半身塑像。塑像看上去面庞清瘦，双眼睿智有神，头上梳着发髻，下巴上蓄着一缕胡须，身着斜对襟的衣袍，典型的古代文人学者形象，笔者的敬佩之情油然而生。

从右侧院门进去，是前后三进名叫《钟山风韵》的展览，专题展示着与钟山有关的历史人文资料。因为来得早，展厅里只有笔者一人，正好能静下心来仔细地观看。展出的内容分为《风韵无穷咏钟山》《文心雕龙耀钟山》和《江山胜迹荟钟山》三部分，其中第二部分果然与刘勰及他的《文心雕龙》有关，笔者看得格外认真。结合之前读过的史料，对于南朝文学家刘勰在钟山脚下创作文学巨著《文心雕龙》的历史经纬，有了更多的了解。

定林山庄之名，源于古代的钟山定林寺，为当年的下定林寺之所在。在南京历史上，前后有过三座定林寺。据宋代周应合的《建康志》记载，南朝时钟山南麓有两座定林寺，一座叫上定林寺，一座叫下定林寺。之所以有上、下之分，因一座在紫霞湖上方的半山腰，另一座在山下宝公塔的西北，二者统称为钟山定林寺。从建寺时间看，下定林寺早于上定林寺。下定林寺由僧人慧觉创建于南朝宋元嘉元年（424），因濒临溪涧，地势较低，易遭水患，南朝宋、齐时就趋于萎缩。萧梁时又建志公墓于近旁，寺院范围大大缩小。

元嘉十年(433)，罽(jì)宾国(今克什米尔)高僧昙摩密多(又名竺法秀)来华，居于建康(今南京)钟山的下定林寺。其“常叹下寺基构临涧低侧。于是乘高相地揆卜山势。以元嘉十二年(435)斩木刊石营建上寺”(昙摩密多《神僧传》卷第三)，此即为上定林寺。南朝梁代以后，上、下定林寺趋于荒废。北宋时下定林寺成为定林庵，北宋文学家王安石经常来此读书。南宋诗人陆游也曾两次来此寻访，题书石刻至今尚存。

据清同治《上江两县志》载：“(南)宋乾道间(1165—1173)，善鉴和尚因钟山定林寺废，便募资建寺于此(南郊方山)，沿袭寺名。”善鉴和尚还将钟山“上定林寺”匾额移至方山定林寺，该寺香火延续至今。该寺还建有一座定林寺塔，因地基下沉不均成了一座斜塔，迄今800余岁。

刘勰，字彦和，南朝宋永光元年(465)生于京口(今江苏镇江)，祖籍“东莞莒人”(《梁书》)，即今山东省日照市莒县东莞镇大沈庄，因战乱举家南迁京口。刘勰幼年父母双亡，成了孤儿，虽家道中落，仍笃志好学。永明六年(488)来到都城建康(今南京)，入上定林寺居处十余年，度过了他的青年时期。在寺中高僧僧祐的指导下，遍读寺内丰富的藏书，经过潜心学习和研究，于32岁时开始撰写《文心雕龙》，历时五年完成了这部名垂青史的文学理论巨著。

《文心雕龙》共10卷，50篇，分为总论、文体论、创作论、批评论等四个部分，全面系统地总结了先秦以来文学创作的经验，论述了文学创作内容和表现形式的关系，主张文质并重，初步建立了文学史观念和文学批评方法论，针对创作的各个环节提出了精辟见解。

《文心雕龙》实际上是一部指导写作的书，是中国第一部文学百科全书。此书问世以来，广泛被历代文人学者引用和研究，近代以来，已在国内外形成了专门的学术领域——“龙学”。鲁迅先生在《〈诗论〉题记》中评价该书“而篇章既富、评骘遂生，东则有刘彦和(刘勰)之《文心》，西则有亚里士多德之《诗学》，解析神质、包举洪纤、开源发流，为世楷式”。现代历史学家范文澜在《中国通史简编》第二编中评价道：“刘勰以前，文人讨论文学的著述……都只是各有所见，偏而不全。系统地全面地深入地讨论文学，《文心雕龙》实是唯一的一部大著作。”

随着《文心雕龙》的问世，刘勰名声大噪，并得到了梁武帝的心腹重臣沈约的赏识。天监元年(502)，经沈约推荐，他离开定林寺步入仕途。先后担任过奉朝请、临川王(萧宏)记室、车骑仓曹参军、太子通事舍人、步兵校尉等职，深得昭明太子萧统器重。萧统去世后，刘勰因内心伤悲而请求出家，未获梁武帝许可。于是他烧发明志，法号慧地。出家仅一年多，便圆寂于钟山定林寺，葬于钟山之麓。关于刘勰圆寂的准确时间众说不一，有说卒于520—521年，也有说卒于538—539年等等，钟山文学馆的刘勰塑像基座上刻写的则是521年。

祖冲之与覆舟山：
中国古代的科学大家

祖冲之生于建康(今南京)，时间为南朝宋元嘉六年(429)，祖籍在范阳郡遒县(今河北省涞水县)。因北方战乱，其祖辈移居建康。

祖冲之是中国古代史上难得一见的科学大家，他在数学、天文历法和机械制造方面卓有建树。当年他在世界上首次将“圆周率”精算到小数点后第七位，即在3.1415926和3.1415927之间，这一纪录保持了上千年，直到15世纪才被阿拉伯数学家卡西打破。据《隋书·律历志》记载：“古之九数，圆周率三，圆径率一，其术疏舛……(南朝)宋末，南徐州从事史祖冲之，更开密法……指要精密，算氏之最者也。”他33岁时发明的《大明历》，纠正了当时通行的《元嘉历》的误差，是当年最科学最进步的历法，对后世的天文研究提供了正确的方法。他还著有《九章术义注》《述异记》《易义》《老子义》等。

覆舟山就是今南京玄武湖南岸的小九华山。古时因其山形似一只倒扣的木船，故名覆舟山。此山虽然周回不过三里，高不过百米，但地理位置非常重要，是建康都城的重要屏障。覆舟山的名字在东晋的史籍中已有记载，产生的时间应该更早。它是钟山余脉西延入城的第一座山丘，六朝时期是皇家御园乐游苑的所在。作为宫廷的外苑，乐游苑内楼台亭阁，风光旖旎，也是帝王在此从事政务、祭祀和观看演武之地，南朝帝王常在此设宴与群臣同乐。

裴子野的《宋略》曰：“文帝元嘉十一年三月丙申，禊饮于乐游苑……有诏会者赋诗。”是指宋元嘉十一年(434)三月，(南朝)宋文帝赐宴乐游苑，下诏颜延之和谢灵运各写一篇拟乐府《北上篇》。中书舍人鲍照评价两人的诗说："谢灵运的五言诗，如初开的芙蓉，自然可爱；颜延之的诗仿佛铺锦列绣，雕绘满眼。"这句话恰到好处地道出了颜、谢二人诗歌繁密深重、华美典雅的风格。

乐游苑也是祖冲之当年进行科学实验的场所。东晋义熙十三年(417)，刘裕为大将时北伐后秦，曾获得后秦统治者姚兴的一辆旧指南车。车里的机械已经散失，车子行走时，只能由人来转动木人的手，使它指向南方。刘宋顺帝末年萧道成为相时令祖冲之仿制，并在乐游苑与北魏人索驭麟所造指南车比试。祖冲之所造指南车精巧别致，即使千回百转，所指方向也不会改变，而索驭麟所造的指南车却偏差明显，被萧道成当即下令烧毁。

祖冲之还在乐游苑内装置过精巧实用的水碓磨(利用水力加工粮食的工具)，创制了使用机械开动一天能走百里的"千里船"，还设计制造过漏壶(古代计时器)和巧妙的欹器(古代一种倾斜易覆的盛水器，水少则倾，中则正，满则覆，寓意"满招损，谦受益"，专门用来警醒修身之用)。祖冲之杰出的才能倍受刘宋、南齐几位帝王的赏识。齐武帝曾亲自到乐游苑观看祖冲之制造的水碓磨，齐明帝甚至派祖冲之巡行四方，推广科技。南齐永元二年(500)，祖冲之这位卓越的大科学家去世，享年72岁。

之后的隋灭陈时，乐游苑遭到摧毁性的破坏，只剩下一些残存的庙宇。后因覆舟山南麓建有小九华寺，故俗称"小九华山"，简称九华山。1943年初，汪伪政权在九华山上建了一座砖塔，供奉玄奘大师的顶骨舍利，得名三藏塔。该塔仿西安大雁塔样式，为五级四面砖塔，南面门楣上刻有"玄奘塔"三字，底层须弥座上刻有"玄奘法师灵骨"六字。1978年，覆舟山辟为公园，山上建筑为一殿一塔，配以凉亭。

明僧绍与栖霞寺：传承千年的“明征君碑”

南京栖霞寺门前北侧有一座碑亭，亭中竖着一通“明征君碑”。此碑全称“摄山栖霞寺明征君之碑”，是为了纪念南朝明僧绍舍宅建寺而立。碑高 2.73 米，碑额上篆“明征君碑”四字，由唐代书法家王知敬书写，碑的背面是唐高宗李治亲书的“棲霞”两个大字。

这块碑立于 676 年，由唐高宗李治应方士明崇俨（明僧绍的第五代孙）之请而撰，书碑者为当朝著名书法家高正臣。撰文和书碑者规格均如此之高，无论对于栖霞寺，还是当时已逝去将近两百年的明僧绍，无疑都是一项恩遇。之后唐武宗曾灭佛毁庙，多亏此碑碑文是唐高宗所撰，才侥幸逃过一劫，完好保存至今。

明僧绍何许人也？此公乃南朝齐平原郡人（今山东德州市陵城区）。“明”这个姓氏现在并不常见，但在魏晋南北朝时期，明氏家族的势力很大。明僧绍的曾祖、祖父、父亲均为当时高官，偏偏明僧绍却不谙仕途。他爱好山林，读书讲学，并对佛教有着浓厚的兴趣，于是在山林中做起了隐士，一边刻苦钻研学问，一边讲学。后来其弟调来建康（今南京）任太守，他也随之来到建康，选择了城东北郊的摄山（今栖霞山）隐居，在山上修建了住处“栖霞精舍”。

后人多尊称明僧绍为“明征君”。征是征召的意思，古代受到皇帝征召的人，就被称为“征君”。明家势力大，明僧绍在学术上的影响力与号召力也不小，所以，南齐开国皇帝萧道成曾多次邀请明僧绍出山做官，还送他礼物，但均遭谢绝，反使明僧绍的名气越来越大。公元 484 年明僧绍去世，他的儿子明仲璋舍宅为寺。489 年，法度禅师以栖霞精舍为基础，正式创立了栖霞寺。

栖霞寺 1500 多年来香火鼎盛，曾是中国四大名刹之一，佛教“三论宗”祖庭，在中国佛教史上具有重要地位。我们今天能够了解明僧绍的身世，以及他在栖霞山活动的情况，与“明征君碑”有关。此碑记录了明僧绍的生平事迹，是中国最早的行书碑之一，也是南京地区保存最好、最大的唐碑。碑文 2376 字，现尚存 2363 字，仅缺 13 字，字迹清晰可辨。碑阴面刻有唐高宗亲笔所书“栖霞”二字，笔力遒劲雄浑，神采奕奕。

清朝乾隆皇帝六下江南，曾五次驻跸栖霞山。为恭迎圣驾，两江总督尹继善在栖霞山修建了漂亮的行宫，遗憾的是如今只剩下断瓦残石和基址遗迹。好在乾隆皇帝驻跸栖霞行宫时相当勤奋，他总共在这里住了 45 天，竟写下了 100 多首诗，外带楹联、匾额等 50 多幅。

萧衍与同泰寺、夹骡峰：南朝的一位奇葩皇帝

梁武帝萧衍是中国历史上的一位奇葩皇帝，他既是汉代萧何的第二十五世孙，也是南朝梁代(亦称“萧梁”)的开国皇帝。此人在位时间长达48年，是南朝在位时间最长的皇帝，在中国历代皇帝中，其在位时间之长也能排进前几名。陈致平先生的《中华通史》中评价：“(萧衍在位)这48年中，大体说来，国家承平，政治安定。在那黑暗的南朝，这是一段黄金时代，史称‘梁武中兴’。但是梁武帝48年的政局，并非全盛，武帝即位之初在天监年间，励精图治，国势蒸蒸日上，史称‘天监之治’。及至武帝晚年，忽然迷信佛法，政事废弛，国家乃由盛而衰，终致酿成了赫然的侯景之乱。”萧衍自己竟然被侯景活活饿死在皇宫(也称“台城”)里。

南北朝是中国历史上佛教最为兴盛的时期，杜牧的“南朝四百八十寺，多少楼台烟雨中”指的就是这一时期。而在南朝的皇帝当中，萧衍对佛法是最为痴迷的一位。痴迷到什么程度？在他当皇帝期间，为了方便自己做佛事，下令在皇宫旁边建了一座寺庙，取名同泰寺，又在皇宫与同泰寺相对的位置开了一个大通门，只消从皇宫走出几步就到了同泰寺。到了萧衍在位的后半段，已经无心朝政，而是一心想着要出家，把个朝廷上下搞得鸡飞狗跳。

根据《南史·本纪·卷七》中的记载，梁武帝萧衍在位期间曾四次出家，第一次出家是在大通元年(527)。有一天，萧衍突然对大臣们说，自己看破了红尘，要到同泰寺里当和尚。也不管大臣们怎么劝说，他当真脱了龙袍、剃了头发进了同泰寺。这下朝堂上下炸了锅，满朝文武一齐涌进

同泰寺，给这位和尚皇帝跪了一地，又是磕头又是央求，请他回宫执政。直到群臣用一亿万钱（古代一亿是十万，一亿万相当于后来的十亿钱）的代价向同泰寺赎人，经和尚默许之后，萧衍才勉强点头同意回宫，这次出家时间最短，前后仅三天。

过了两年，萧衍在同泰寺举办了一场大型佛事，他带着一众大臣前来拜佛。拜完了佛，萧衍又犯了当和尚的瘾，说什么也不肯回宫去了。他还放出话来，他已经是同泰寺的人了，要想让他离开同泰寺，非得积大德、做善事不可。怎么积德行善？大臣们思来想去，还得是老办法。于是，由公卿以下群臣出钱一亿万奉赎，萧衍方才回宫，出家时间前后十二天。

消停了十五年后，萧衍的出家瘾又犯了。史书记载："中大同元年（546）三月……庚戌（初八），幸同泰寺讲《金字三慧经》，仍施身。夏四月丙戌，皇太子以下奉赎，仍于同泰寺解讲，设法会，大赦，改元。是夜，同泰寺灾。"

萧衍最后一次出家时，已届84岁高龄。这一次依然是老规矩，"群臣以钱一亿万奉赎皇帝菩萨，僧众默许"，他老人家才"服衮冕，御辇还宫。幸太极殿，如即位礼，大赦，改元"。这次萧衍的出家时间最长，为三十七天。

萧衍在位期间，四次出家四次赎回，每次还俗都要更改年号，大赦天下，皇帝当得跟过家家似的，要不是后来被侯景饿死在皇宫里，不知道还会不会再次上演出家的戏码。几经折腾，国家处于政事荒废、官场腐败、军心涣散的状态，没几年便被陈霸先的陈朝所取代。萧衍的人生经历，再次应验了跟他老祖宗萧何有关的那句成语：成也萧何，败也萧何。

至于萧衍舍身出家的同泰寺，有人认为就是今天的鸡鸣寺。自从侯景之乱同泰寺被毁后，很久没有修复。直到五代后梁龙德二年（922），杨吴政权才以同泰寺一半的地方，置台城千佛院。南唐时，用其故地置净居寺，后改称圆寂寺。明洪武二十年（1387），才在梁武帝舍身的同泰寺故址上建起了鸡鸣寺。也有人认为同泰寺并非今鸡鸣寺的前身，而是另有其地。近年来的考古表明，同泰寺旧址在今珠江路北侧，与鸡鸣寺相距甚远。贺云翱、干有成在《“一湖两河”尽风流》中就认为，随着考古发掘中台城位置的确定，同泰寺的位置也得到了确定，大致在今珠江路一线。另外关于萧衍出家的次数，史书中也有不同说法，《梁书·武帝纪》中说是三次，而《南史》中记载则是四次。

南京还有一处古迹跟萧衍有关，就是城北长江边幕府山的夹骡峰。关于夹骡峰名的来历，跟大乘佛教中国禅宗的始祖菩提达摩有关。据达摩古洞景区的文字介绍，达摩是南天竺（印度）高僧。南朝梁代的普通年间（520—527年，一说南朝宋末），自印度航海来到中国，梁武帝萧衍迎达摩至建康（今南京）弘扬佛法。不料交流之中二人话不投机，达摩便只身来到长江边夹萝峰的一个山洞里歇息，准备北渡长江。后来萧衍受志公禅师点拨，深感懊悔，忙率众骑骡急追挽留大师。追至幕府山夹萝峰时，突然两峰合拢，夹住骡身，眼睁睁看着达摩在江岸折了一根芦苇，立在苇上渡江而去，“一苇渡江”自此成了佛教史上有名的典故，夹萝峰也被后人称为“夹骡峰”。达摩渡江后赴河南嵩山，在少林寺另创宗派，成为大乘佛教中国禅宗的始祖，现在少林寺尚有达摩“一苇渡江”的石刻画碑。关于“一苇渡江”的解释，有着不同的说法，也有古人认为“一苇”并不是一根，而是一束甚至一大捆，乘着一大捆芦苇漂浮过江，从常理上勉强说得过去。如今在夹骡峰山顶有个“达摩古洞”，传说是达摩渡江前歇息的地方，离达摩古洞不远处，还有一组现代人创作的“梁武帝追达摩”群塑，再现了当年的情境。

另据史书记载，萧衍当皇帝前，居住在同夏里三桥篱门侧（今南京老门东），即位后将此旧宅改造为光宅寺。《梁书·周兴嗣传》记载：“时武帝以三桥旧宅为光宅寺，敕兴嗣与陆倕各制寺碑。”为了梁武帝从皇宫到光宅寺水上交通方便，还专门在内秦淮河靠近寺院的地方开辟“舰澳”，以停泊皇家船队。南宋《景定建康志·舰澳》记载：舰澳为“梁武帝所开，在光宅寺东二百五十步，其地为武帝旧宅。帝从城归邑，仪仗塞路，开以藏船”。北宋时，光宅寺被迁至牛首山弘觉寺对面的花岩山下，王安石曾造访该寺并写下《游光宅寺》：“今知光宅寺，牛首正当门。台殿金碧毁，丘墟桑竹繁。萧萧新犊卧，冉冉暮鸦翻。回首千岁梦，雨花何足言。”

陈叔宝与珍珠河、胭脂井：沉湎酒色的浪荡皇帝

历数中国历史上的浪荡皇帝，陈叔宝应是其中之一。陈叔宝是南朝陈国的最后一任皇帝，史称陈后主。在位期间，他沉迷酒色，荒废朝政，最终被隋军活捉，不仅导致陈家王朝的灭亡，还让整个南朝就此终结。604年他病死洛阳，葬于洛阳北邙山。在南京现有的地名中，有两处与陈叔宝有关。

其一是珍珠河。此河北起玄武湖武庙闸，南至珠江路与杨吴城壕北濠汇合。说起珍珠河，便不得不提起潮沟和城北渠。潮沟是东吴在南京城内开凿的一条人工河道，它北通玄武湖，将江潮引入南京城，因此得名。城北渠是吴后主孙皓在位时开凿的人工河道，直通昭明宫。而珍珠河就是潮沟和城北渠遗留部分的合称。

传说有一次，陈后主和宫人乘小船在河中游玩，忽然天降暴雨，雨水洒落在河面的荷叶上，凝聚成千万颗明亮的水珠，陈后主和随从被淋成了落汤鸡，游兴顿失。这时，有个侍从指着河面惊叫道："此乃满河皆珍珠也。"陈后主闻听此言，放眼望去，雨水溅起的水珠，确实像满河的珍珠，于是龙颜大悦，下令改城北渠为珍珠河，从此，珍珠河的名字便一直沿用至今。

南京民间流传的一首《金陵景桥歌》，其中"头上戴的珍珠桥，手上拿的如意桥，脚下踩的莲花桥"一句中，珍珠桥就位于古珍珠河上。古金陵四十八景中的"珍珠浪涌"，描绘的就是珍珠河鸡鸣寺至浮桥的河面上，水泡激起如同珍珠奔涌的美景。清《金陵四十八景图》这样解说："桥在宋行宫后，今成贤街。陈后主泛舟于此。虽年湮代远，而新水如油，远

山似黛，犹令人低回不置。”古时的珍珠河河深水阔，可以通船。据清代《秣陵集》卷四载，原珍珠河“自太平门北水关入城，经土桥、珍珠桥至浮桥，合于杨吴城濠之水，西转之竹桥，青溪之水入焉，又西过复成桥，明御河水入焉，又西过大中桥至东水关，与淮水合”。到了明初，珍珠河的西流之水被切断，运渎开始逐渐淤塞。清代到民国初年，珍珠河河岸更是垃圾成堆，水流污浊，所以清代诗人在写珍珠河时都非常伤感。如清代诗人陈文述写道：“十斛明珠散不收，一江春水向东流。我来系棹吟罗袜，又是潇潇暮雨秋。”随着时代变迁，直到如今，珍珠河只剩下武庙闸至浮桥这一段了。

其二是胭脂井。据《景定建康志》和《至正金陵新志》记载，胭脂井，原名景阳井，在台城内。南宋周必大在《二老堂杂志·记金陵登览》中记载：“辱井者，三人俱投之井也，在寺之南。甚小而水可汲，意其地良是，而井则可疑。世传二妃将坠，泪渍石栏，故石脉类臙脂，俗又呼臙脂井。”胭脂井原位于台城内的景阳殿旁，台城是六朝的宫城，大体位于今南京大行宫周围及其北总统府东西一线。后主陈叔宝沉湎于酒色，不理朝政，酷爱妃子张丽华和孔贵妃。祯明三年(589)，当隋军攻入台城时，陈后主一手拉着一人，躲入景阳井之中。隋军进入台城后，搜遍皇宫，终于从景阳枯井中把他们吊了上来。随后二妃被杀，陈后主被俘，宫廷烧毁，国家灭亡，石井栏上沾满了两位妃子的胭脂痕，故名胭脂井，又称辱井。后人为吸取陈朝的教训，将胭脂井移到了不远处的鸡鸣寺院内，以警示后人。

李白与长干里：青梅竹马与两小无猜

自古以来，南京是个自南向北逐步发展起来的城市。长干里处在古代南京的南端，是古南京最早的居民区，其位置在今内秦淮河与雨花台之间。据唐代许嵩的《建康实录》记载："建业南五里有山冈，其间平地，民庶杂居。有大长干、小长干、东长干，并是地里名。"早在春秋时期，长干里一带已是人烟稠密之地。元代张铉的《至正金陵新志》里说："长干里，在秦淮南，越范蠡筑城长干。"是说公元前472年，越王勾践令大夫范蠡筑越城于长干里(今南京中华门外)，城周有"二里八十步"，占地面积6万多平米。传统上史学界以越城作为南京建城史的开端，距今2500多年。近年来，经过对越城遗址所在的西街地块的考古发掘，发现早在越城之前600年的商周时期，这里已是人烟稠密之地，南京的建城史由此被前推了整整600年。2020年11月，经过考古专家的多轮论证，最终将这里定名为"长干古城"。

长干古城地势高亢，南抵雨花台，北沿秦淮河，西至长江边，又是秦淮河的入江通道，战略地位十分重要。当年范蠡之所以选择在此筑越城，就是看到此地物产丰富，交通便利，商业繁荣，人口稠密，同时，这里有山水护卫，攻守皆宜。到了秦、汉、六朝时期，长干古城是南京最繁华的地方。依靠秦淮河这条交通大动脉，居住在这里的居民多以舟为家，以贩为业，形成了著名的商业集市和货物集散地。这里居住过好几代名人，如越国谋臣、越城的建造者范蠡，东吴谋臣张昭，晋代大文学家陆机、陆云兄弟等。唐代大诗人李白、杜甫、杜牧等都游历过长干里，并留下了许多脍炙人口的诗文。

这里还是江南最早的佛教寺庙建初寺的所在地，明代朱棣在建初寺遗址上建起了大报恩寺，以感谢父母的养育之恩。其中的大报恩寺琉璃宝塔，位列中世纪世界七大奇迹，被当时的西方人视为中国的标志性建筑。早些年在大报恩寺遗址地宫里发现了阿育王塔和释迦牟尼佛顶骨舍利，如今供奉在南郊牛首山的佛顶宫里。虽然长干里作为古地名已消失，但如今依然有长干桥、长干门和东、西干长巷等地名，作为这一历史地名的延续而存在着。

李白对南京很有感情，一生中四次（也有说七次）来南京游历，留下了70多首与南京有关的诗词。如《金陵城西楼月下吟》《金陵酒肆留别》《登金陵凤凰台》《登金陵冶城西北谢安墩》《登瓦官阁》等等。他的名诗《长干行二首》，是他在25岁那年（唐开元十四年，726年）首次来南京时，走遍长干里的大街小巷，遍览秦淮河两岸风光而写成的。

长干行二首（唐・李白）

其一

妾发初覆额，折花门前剧。
郎骑竹马来，绕床弄青梅。
同居长干里，两小无嫌猜。
十四为君妇，羞颜未尝开。
低头向暗壁，千唤不一回。
十五始展眉，愿同尘与灰。
常存抱柱信，岂上望夫台。
十六君远行，瞿塘滟滪堆。
五月不可触，猿声天上哀。
门前迟行迹，一一生绿苔。
苔深不能扫，落叶秋风早。

八月蝴蝶来，双飞西园草。
感此伤妾心，坐愁红颜老。
早晚下三巴，预将书报家。
相迎不道远，直至长风沙。

其二

忆妾深闺里，烟尘不曾识。
嫁与长干人，沙头候风色。
五月南风兴，思君下巴陵。
八月西风起，想君发扬子。
去来悲如何，见少离别多。
湘潭几日到，妾梦越风波。
昨夜狂风度，吹折江头树。
淼淼暗无边，行人在何处。
好乘浮云骢，佳期兰渚东。
鸳鸯绿蒲上，翡翠锦屏中。
自怜十五余，颜色桃花红。
那作商人妇，愁水复愁风。

在诗中，李白以女主人公的口吻，抒发其对爱情和因深情而产生的相思之苦，委婉迂曲，哀而不伤，细腻中蕴含着炽烈，款款道来，柔媚自生。可见，“狂歌痛饮空度日，飞扬跋扈为谁雄”的李白，竟也有内心的纤柔和温情，那是他柔情似水的一面，或许是他灵魂中的真。诗中的“郎骑竹马来，绕床弄青梅。同居长干里，两小无嫌猜”，为汉语贡献了“青梅竹马”和“两小无猜”两个成语，影响极其深远。

李白多次来南京，可以说逛遍了南京城，也留下过不少故事。坊间传说李白有次来南京，在离长干里不远的酒楼上赏月，一边喝酒，一边吟诗作赋。到了半夜，李白趁着酒兴，到桥上走走。他正要上桥，低头忽见月亮掉在了水里，河水一动，洁白的月亮添了几条黑影。李白此时已是醉得迷迷糊糊，他一见月亮被东西弄脏了，顾不得脱靴子，便跳下桥去捞月亮。谁知他这一跳，月亮不但没有捞着，还把水里的月亮碎成了两半，幸好被人及时发现救上岸来。为了纪念李白跳水捞月，人们后来在文德桥边修了个“得月台”，至今还在。关于这一传说的真假无从考证，不过这故事的情节倒是很符合李白的个性。

李白与瓦官寺：诗仙吟咏瓦官阁

瓦官寺在南京市秦淮区集庆路仓顶南侧，又称古瓦官寺。此地原为官府管理陶业机构的所在地，故寺名“瓦官”。别看该寺现在很不起眼，昔日可是江南名刹。从集庆路拐进凤游寺路南行，再从豆腐坊对面的窄巷花露南岗往东上到坡顶，这里便是昔日凤凰台的所在，也是今日瓦官寺所在。364 年，东晋皇帝下诏，将陶场及管理机构“陶官”移往他处，僧人慧力趁机请求，在这里建一座寺庙。于是皇帝下令造寺，群臣与百姓响应，建寺至今已经过去了 1600 多年。南朝梁代在寺里建了一座瓦官阁，高二百四十尺(约合 60 米)，是当时国都建康登高望远的绝好去处，诗云“云散便凝千里望，日斜常占半城阴”，可以想见它当时的气势。

六朝时期，瓦官寺几经扩建，已成为规模宏大的江南名刹。东晋末年，瓦官寺已拥有上千僧众，是除建初寺以外南京最古老的寺庙。当年它因顾恺之画维摩诘像而成名，留下了点睛之笔的成语；因异鸟飞临此处，才有了后来的凤凰台；因其是天台宗的祖庭，日本、韩国人漂洋过海来寻访。

李白一生游山玩水，是凡景色美好的地方，都留下了他的踪迹。笔者多年前去山西旅游，就连地处北岳恒山深处的悬空寺，都有李白留下的“壮观”二字。不过用今天的标准来衡量，李白当年骑着小毛驴在大山里前行，顶多只能算是穷游。南京地处江南水乡，交通方便，更是多次留下了李白的身影。725 年，李白来到瓦官寺，登上巍巍高楼瓦官阁，写下了他在金陵的第一首诗《登瓦官阁》，这是他送给南京的见面礼：“晨登瓦官阁，极眺金陵城。钟山对北户，淮水入南荣。漫漫雨花落，嘈嘈天乐鸣。两廊振法鼓，四角吟风筝。杳出霄汉上，仰攀日月行。山空霸气灭，地古寒阴生。寥廓云海晚，苍茫宫观平。门馀阊阖字，楼识凤凰名。雷作百山动，神扶万栱倾。灵光何足贵，长此镇吴京。”

用白话文来解释，这首诗的内容大致是这样的：凌晨即起，高攀瓦官寺中高阁，远远望去，金陵城尽在眼中。北边是巍峨的钟山，南面的阁檐正对着浩荡的秦淮河水。寺庙中传来的颂经声里，天花如雨乱坠，合奏的乐音如同天籁齐鸣。两侧的庙廊鼓声隆隆，飞檐四角的铁马片在风中沉吟叮叮。瓦官阁高耸入云霄，举头仿佛可以将日月攀缘。钟山秋色萧条，霸王之气耗尽，悠久的历史有多少忧伤的故事沉积。夜幕中云海寥廓无边，巍峨的宫观几乎与云海齐平。只有门匾上书写的“阊阖”，楼匾中题写的“凤凰”等字尚依稀可辩。雷声隆隆，万山震撼，屋拱欲倾，神人来扶助。灵光殿何足珍贵？用它可以长期保佑金陵城。

南京是李白游玩次数较多的城市之一。在这里，他一路行吟，把南京城当成了自己的精神故乡。李白一生写了 70 多首与南京有关的诗歌，几乎成了南京的形象代言人。975 年，北宋联合吴越攻打南唐都城金陵。宋人曹彬、潘美率军而至，城破之际，豪民富商之家成百上千人避难阁上，协助宋人攻打南唐的吴越军队，竟然纵火焚烧，阁楼和百姓全数灰飞烟灭。此后瓦官寺走向衰落，明初其遗址被徐达后人圈入私家园林。现在我们所见到的瓦官寺是后建的，其址也在原瓦官寺遗址的范围内。

杜牧与杏花村：杏花沽酒今何在

杜牧是晚唐大诗人，他的一首《清明》诗脍炙人口，传诵千年：“清明时节雨纷纷，路上行人欲断魂。借问酒家何处有，牧童遥指杏花村。”

南京历史上确曾有过一个杏花村，位置在南京城的西南隅，即今天的集庆门内原南京一棉厂一带。1937 年版《最新南京地图》上，还可见到老门西终所巷南侧标有“杏花村”地名。1946 年中外史地编译社编制的《南京全图》上，杏花村明确标示在终所巷南，仓顶西南，凤游寺放生池北，豆腐巷(今豆腐坊)东，已成了巷名。

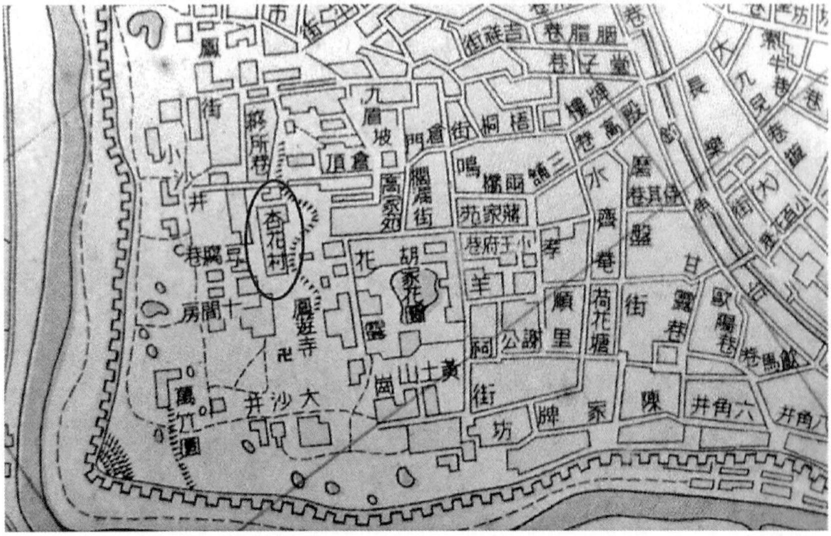

1937 年版的《最新南京地图》(局部)

南朝刘宋年间，建康(今南京)杏花村以出售“金陵春”佳酿闻名于世，村内酒令飞扬，酒香四溢，时有“来到杏花村，不饮也醉人”之说。唐代大和七年(833)春，时任池州刺史的杜牧，由宣州赴扬州淮南节度使府，途经金陵时来到杏花村，畅饮之时作了这首《清明》诗。据清代《江南通志》载：杜牧任池州刺史时，曾经过金陵杏花村饮酒，诗中杏花村指此。清初“金陵四十八景”之一的“杏村沽酒”，就是指花露岗下的古杏花村，相传就是当年的杜牧买酒处。

元朝末年，村内遭受一场战火，杏树林被摧毁殆尽，仅剩“老树数株”。明代又进行了大面积复植，逐步恢复旧观。可惜清军进入南京后，杏花村又重遭毁坏。此后，《儒林外史》的作者吴敬梓不忍林区被损，又兴工补植100余株，使得杏花村留住了旧日的风采，仍为人们观赏的胜境，沽酒的雅处。至清代晚期，杏花村已日渐荒圮，之后便荡然无存。1958年，因兴建南京第一棉织厂，此地被占用变成了厂区。

关于《清明》诗中的“杏花村”究竟在何处，从古至今存在着很大争议。尤其是中华人民共和国成立后，全国有不下二十个地方，为了争《清明》杏花村的出处而打破头。其中比较有名的有：安徽池州，因为杜牧曾在这里当官；湖北麻城，因为杜牧曾路过那里；山西汾阳，因为当地有同名村庄，还有一则相关的传说等等。众多的“杏花村”如神仙打架，各说各话，如果杜牧他老人家泉下有知，不知会作何感想。

其实“杏花村”就是个普通的地名，即使杜牧没作《清明》诗，各地存在同名的“杏花村”也很正常，毕竟各地不缺杏林，更不缺酒，争这个牌子，无非就是为了利益的考量。我们无从想象1200年前，杜牧途经杏花村时的真实情景，也许他不会想到自己的随口一吟，竟然被传颂千年，以至区区一个杏花村被人们争论不休。我们只能说，杜牧去过的那个杏花村究竟身在何处，只有他和当年的那个放牛娃才知道。

关于这首《清明》诗到底是否杜牧所作，也是有争议的。有人认为，无论是在杜牧临终之前，委托外甥整理的《樊川集》，还是宋人整理的《樊川别集》《樊川外集》，以及清人编成的《全唐诗》里，都找不到这首诗。这首诗首见于南宋的大型类书《锦绣万花谷》，最初的诗名就叫《杏花村》，作者佚名。直到南宋中后期，才被诗人刘克庄收入《分门纂类唐宋时贤千家诗选》，与杜牧的名字挂了钩。后来南宋诗人谢枋得也将其收入了《千家诗》，扩大了它的影响力，直到元代才普遍被认为是杜牧的诗。

无论历史上杜牧是否来过南京，《清明》诗是否为杜牧所作，南京人认为“牧童遥指”的就是南京杏花村，这也很正常，毕竟谁也不敢妄下结论杜牧没来过南京。但跟其他地方一样，谁也拿不出过硬的证据，只能说他有可能来过，所以南京人对此表现得比较淡定。加上南京本就是一座历史古城，曾是六朝古都与十朝都会，人文与自然景观众多，没必要非得拿“杏花村”说事。

李煜与内桥：
雕栏玉砌应犹在　只是朱颜改

李煜是南唐的最后一任皇帝。975 年，李煜从皇宫走过内桥，向赵匡胤的宋军奉表投降，南唐政权从此灭亡。此后李煜被解送汴京(今开封)，开启了三年的软禁生活。在汴京，他思念故都，写下了“雕栏玉砌应犹在，只是朱颜改。问君能有几多愁，恰似一江春水向东流”(《虞美人》)，“独自莫凭栏，无限江山，别时容易见时难。流水落花春去也，天上人间”(《浪淘沙令》)等令人伤感的诗词。三年后，李煜 42 岁时于忧伤中死于汴京，葬于洛阳北邙山。

李煜当年走过的内桥，是南唐皇宫护龙河上的御桥，相当于北京故宫门前的金水桥。这座桥至今还在，只不过已不是南唐原物。南唐时此桥叫“虹桥”，民间把皇宫称为“大内”，虹桥便被称为“大内之桥”，简称“内桥”。内桥所对的南门，为南唐宫城的正门，皇帝进出皇宫，都要经过此桥。桥南正对的就是御街(今中华路)，直通都城的南门。遥想当年，站在内桥之上，往东、往西看都是中央官署，那是何等的气派。作为南唐后主的李煜，想来也曾多次踏过内桥走上御街，接受满朝百官与天下子民的朝拜。

南唐灭亡后，北宋朝廷将南京降格为“省会”，改称“建康府”。这里的宫殿、房屋也没有人为损坏，因此内桥与南唐的御街，以及老城南的人文风貌得以保留。到了南宋，南京成了留都，南唐宫城被改成了行宫，宋高宗赵构曾住过，不知多少次往来于内桥之上。南宋以后行宫被拆除，内桥幸运地被保留下来。后历经战乱，原桥被损毁。明初朱元璋定都应天府，大规模重修南京城，内桥得以在原址复建，主体结构保留至今。当年朱元璋在南京称帝前的吴国公府和吴王府，其位置在今内桥东南角的王府园一带，紧靠着内桥。

古往今来，内桥有过不少别名。杨吴时期名渎桥；南唐时叫虹桥，当时虹桥还有两侧的辅桥相伴，分别取名为“东虹桥”（今四象桥）、“西虹桥”（羊市桥，今已不存）；北宋一度改名为蔡公桥；南宋赵构改南唐宫为行宫，名曰天津桥，还曾改名为“天京桥”；明代更名为内桥，沿用至今。

笔者记得在二十世纪六七十年代，内桥还是个坡度比较大的拱桥，桥北的洪武路还是条小巷子。每次去新街口，乘公交车上下内桥如坐过山车，加上下桥时又是个 90° 急转弯，心里总是七上八下的。后来扩建时，在桥两边铺垫了大量石板从而削平了坡度，如今过内桥基本如走平地一般。

关于南唐皇宫，南京还有几处遗迹。建邺路鸽子桥对面的马路边，竖有一块“南唐护龙河遗址碑”，护龙河就是南唐皇宫外的护城河，在张府园附近曾于地下发现了护龙河河床的遗迹；新街口羊皮巷与程阁老巷之间有条金銮巷，当年就是南唐皇宫清晖殿所在地；南唐皇宫的南边，当年东西两面竖有两座锦绣坊，如今东面的锦绣坊地名仍在，名“锦绣坊”（街），西锦绣坊今名府西街、南捕厅。

颜真卿与放生池：颜鲁公也会“来事”

昇州是南京的古称之一。既然说到昇州，就不能不提到我国唐代的大书法家、昇州刺史颜真卿。颜真卿不仅字写得好，官当得也相当不错。南京和颜真卿本就有些因缘，他的祖先颜之推就出生于建康（今南京）的一个士族官僚之家，颜之推所著的《颜氏家训》，是我国最早的家庭教育专著。

759 年 6 月，颜真卿被任命为首任昇州刺史。到任后，颜真卿事事尽心尽力。他预料到时任宋州（今河南商丘）刺史兼淮西节度副使刘展有谋反的可能，却被他的顶头上司诬告为“杞人忧天，无事生非”，仅上任半年即被朝廷撤换。结果当年底刘展果然反叛，并率兵拿下了昇州。尽管刘展之乱很快被平定，昇州城还是遭到了严重破坏。761 年昇州被废为县，并将江宁县改名上元县，隶属润州（原丹阳郡），曾经的古都不幸沦为一座普通的县城。但事实胜于雄辩，颜真卿的远见卓识使他重新得到认可。

颜真卿在任职昇州期间，为显示皇帝的好生之德，曾上书建议在昇州江宁县境内建放生池，得到了唐肃宗批准。其中他曾在金陵城内建有三处放生池。

其一为乌龙潭。著名高僧印光大师在《金陵三汊河法云寺放生池疏》中有这样记载：“金陵为文献之邦，素称佛国……迨至唐肃宗时，颜鲁公真卿，适守是邦。诏天下诸州各立放生池，命鲁公撰文。其曰：举天下以为池，罄城中而蒙福。是岂独为物计哉，盖欲有所感也。今清凉山下乌龙潭，乃鲁公自立之放生池。”颜真卿在乌龙潭建了放生池，并撰写了《天下放生池碑铭》。唐元和年间，人们在潭西建“放生庵”，以祀颜真卿，故又名“颜鲁公祠”。现放生庵为1989年重建，“放生庵”三字的汉白玉条石，系原放生庵的遗物。

其二为玄武湖。魏晋南北朝时期，玄武湖成了皇家园林，并且还用来训练水军。到了隋唐两代，玄武湖的地位不再像六朝时那么重要，颜真卿便将其辟为放生池。当时在玄武湖上如何放生，史料中并无记载，但在《西湖老人繁胜录》中，描述了南宋佛诞节在杭州西湖举办放生会的盛况：“府主在西湖上放生亭设醮祝诞，圣寿作放生会，士民放生会亦在湖中。船内看经、判斛、放生，游人湖峰上买飞禽、乌龟、螺蛳放生。”以此类推，同为江南都市的南京玄武湖跟西湖上放生的情况应属大同小异。

其三为太平桥。颜真卿在《天下放生池碑铭序》一文中称：“始于洋州之兴道，洎山南、剑南、黔中、荆南、岭南、江西、浙西诸道，讫于昇州之江宁秦淮太平桥。”放生内容扩大到鸟兽、鱼鳖、昆虫、植物。(《江苏省志·人物志》)清楚标明，颜真卿所建最后一处放生池在秦淮河太平桥，即今建邺路的笪桥。据南宋周应合撰《景定建康志》卷十九“放生池”条记载：“案旧图经唐乾元中诏于江宁秦淮太平桥。临江带郭，上下五里，置放生池八十一所。有碑，昇州刺史颜真卿文。旧以府治东，东接青溪，北通运渎者为之。”

王安石与玄武湖：废湖为田的争议之举

王安石是北宋著名的政治家、改革家，因改革触动了部分人的利益，曾两任宰相又两被罢相，改任观文殿大学士、江宁知府。在担任江宁知府期间，他曾将南京玄武湖废湖为田，虽颇有争议，但在当时仍不失为关爱百姓之举。

玄武湖是南京城市水系的“心脏”，它承接紫金山的雨水，与长江、金川河、秦淮河相连，对整个南京城的水域起着调蓄作用。王安石废湖为田并非一时冲动，这跟当年玄武湖已严重淤塞有关。上溯到六朝，是玄武湖历史上的鼎盛时期。据史书记载，六朝时期的玄武湖“周四十里，东抵钟山、西限卢龙（今下关狮子山），北带大壮观山（今红山动物园大红山），南至覆舟山（今南京九华山）”，面积约为当今玄武湖的四倍之多，湖面浩瀚可以直通长江。今天南京城北部的大部分地区，包括今山西路、湖南路、中央路（中央门）、新模范马路，以及南京火车站等，在当时皆是玄武湖的湖区。

而到了北宋时期，中国正处于凉干气候，曾多次出现长时间的干旱。南京门西地区在考古发掘中就发现，六朝时期此处秦淮河宽度在 100 米左右，而到了宋代仅宽约 50 米，可见当时确实处于一个严重的枯水期。枯水期还造成了宋元时期长江南岸淤积，岸线大面积北移的现象。李白诗“三山半落青天外，二水中分白鹭洲”中的白鹭洲，与其下游的蔡洲、长命洲等近岸洲渚，就是在这一时期与长江南岸连成一片，形成今天的河西地块。到北宋初年，玄武湖的淤积已非常严重，其面积只剩下二百余顷，逢旱年往往水竭湖干成为旱地，并且已经出现了化湖为田的苗头。

有鉴于此，时任江宁知府的王安石在上奏朝廷的《湖田疏》中说：“金陵山广地窄，人烟繁茂，为富者田连阡陌，为贫者无置锥之地”，所以他建议在玄武湖中“开十字河源，泄去余水”，“使贫困饥人，尽得螺蚌鱼虾之饶，此目下之利；水退之后，分济贫民，假以官牛官种，又明年之计也。”北宋熙宁八年(1075)，王安石获宋神宗批准泄湖为田，重开十字河，共得田二百顷，分给了“贫田饥人”耕种，玄武湖也因此基本消失了二百多年。

人算不如天算。到了南宋后期，气候开始回暖，江南降水丰富，因失去了玄武湖的调蓄作用，导致南京城里经常遭遇洪涝灾害。到了元朝，情况愈加严重，不得不退田还湖，但湖面已大为缩小，只有六朝时期的三分之一。即便如此，也是元朝为南京人办了件兴利除弊的实事。事实证明，大自然有它自身的规律，人类只能顺势而为。

王安石废湖为田，其出发点是好的，也是为了救助无地的贫民，但后来气候的变化是他始料未及的，且发生在一两百年以后。所以我们不能用今天的眼光来判断前人的对错，只能把它当作一个历史的经验教训。况且王安石对南京有着深厚的感情，辞官后他定居南京，一生中写过不少与南京有关的诗词，如“覆舟山下龙光寺，玄武湖畔五龙堂。想见旧时游历处，烟云渺渺水茫茫”（《忆金陵三首其一》）、“京口瓜洲一水间，钟山只隔数重山。春风又绿江南岸，明月何时照我还”（《泊船瓜州》）等等。

王安石与半山园：半山之居半山亭

王安石生于江西临川，半山园是他在南京的宅第，可以算是半个南京人。他 17 岁时随父亲来到南京，从此在南京读书，又两度来此守孝、三任知府，之后在此养老送终，前后在南京生活了 20 年。王安石于北宋元祐元年(1086)病逝，享年 66 岁，葬于半山园后。

半山园地处南京中山门北白塘，今海军指挥学院院内。北宋时王安石第二次出任宰相不久，与保守派发生争端，遂自请罢相，宋神宗给王安石一个“判江宁府”（今南京）的官衔。回宁后他一直没去衙门上任，第二年六月辞官，选择在城东北白塘建造自己的住宅。据《景定建康志》记载，王安石的住房十分简朴：“仅蔽风雨，又不设垣墙，望之若逆旅之舍。有劝筑垣，辄不答。”因北白塘距江宁（今南京）城东门七里，到钟山主峰亦七里，位于半道之上，故自称其居为半山园。

在半山园，王安石广交朋友，遍访金陵名胜，留下了三百多首与金陵有关的诗词。1084 年苏东坡乘船经过金陵，王安石特地骑着小毛驴，穿着粗布服到江边去迎接。苏东坡也不冠而敬揖，曰：“轼今日以野服见大丞相。”王安石笑着说：“礼岂为我辈设哉！”两人虽政见不同，但私交甚厚。

不久王安石大病一场，宋神宗专门派国医到江宁给他治病。病愈之后，上书皇帝请求将自己的半山园改作寺院。宋神宗赐额“报宁禅院”并亲书匾额，故该寺又叫半山寺。王安石舍宅为寺后，没有再建新居。他回到城内，在江宁县治后的旧惠民药局处，租赁了一座小院居住，大概位置在今内桥南面。

明清时期，半山园或划入皇宫禁地，或作为军事禁区，或短暂改为半山园小学校址。1982 年，南京市政府将半山园列为文保单位，并于 1984 年重建。修复后的半山园为砖瓦结构的平房，共有房五间，前有花园和王安石雕像。故居内部保留了历史文物的风貌，堂内的青砖佛像，浮雕、石墩都保存完好。回廊中还可以看到不少王安石的诗词刻成的石碑嵌在墙中。

半山园向东不远，就是有名的谢公墩，岗上建有一亭叫半山亭。关于谢公墩有两种说法，一种说法是因东晋谢安曾来此登临，故名；另一种说法是谢玄曾住过这里。但在当时，王安石认定这里是谢安的遗迹，他有两首《谢公墩》绝句："我名公字偶相同，我屋公墩在眼中。公去我来墩属我，不应墩姓尚随公。""谢公陈迹自难追，山月淮云祇往时。一去可怜终不返，暮年垂泪对桓伊。"从诗的意境上看，王安石显然是在借咏怀谢安，感叹自己的遭遇。

赵构与走马巷、泥马巷：“泥马渡康王”的故事

南宋历史上有一则“泥马渡康王”的故事，如今南京的走马巷和泥马巷就和这个故事有关。走马巷和泥马巷都在建邺路南侧的评事街附近，走马巷东起绒庄街，西至评事街，明代即用此名，清《同治上江两县志》城图亦载有走马巷名。泥马巷在走马巷北，东起绒庄街，西至评事街，与走马巷平行。清道光《金陵览胜诗考》称：“泥马巷，宋高宗南渡避难，骑马渡江，至此始知为泥马。”相传这里就是当年“泥马渡康王”的遗址。

北宋靖康之变，康王赵构(后为宋高宗)作为人质被拘于金营。传说他带着徽宗、钦宗二帝的血诏，在雁门关总兵崔孝的救助下逃出金营，至建康江边时，坐骑被金人射死。走投无路之时，一位牵着马的老道向他走来，道人将赵构扶上马，让他赶快过江。赵构飞马来到江边，只见大江滚滚东去，无舟可渡，而金兀术的追兵就在后面。赵构咬咬牙，往马屁股上狠抽三鞭，这匹马便跃入江中。说来也怪，马儿在江中如履平地，顷刻之间就过江上了岸，而金兀术及其骑兵均被大江挡住，赵构这才长舒了一口气。突然，坐骑一撅屁股，将他掀倒在地，向林中一溜烟跑了。此地后来被称为“走马巷”。

赵构四处寻马没找到，却遇见一座崔富君庙。赵构进门一看，庙主崔富君酷似送马给他南逃的道人，再一看崔富君手中牵着的泥塑马，浑身上下湿淋淋的，转到马后一看，屁股上三条血淋淋的鞭痕犹在。康王见到救自己性命的人和马匹竟是神灵，立即转忧为喜。赵构当上皇帝后，重修了崔富君庙，并赐“泥马庙”三字。如今泥马庙虽已无存，但走马巷、泥马巷之名却保存了下来。

关于“泥马渡康王”故事的发生地，民间多有争议。有说在山东肥城，有说在江苏常熟，以及泰兴、靖江一线，也有说在陕西汉中，还有说在河南郑州、商丘以及濮阳等等。其实这明显是一个虚构的故事，别说是泥马了，就是真马也过不了长江黄河，况且南京的走马巷和泥马巷距离长江边很远，根本经不起推敲。杜撰这个故事的目的，无非是为了证明赵构自立为帝的合法性与正当性，就连神明都在帮助他，此乃天意也，这也是历史上封建帝王神化自己惯用的手法。天津博物馆藏有一幅南宋画作《泥马渡康王图》，画面重山密林，众多金兵集于其间，一条大河汹涌澎湃，挡住金兵去路。远处浩渺的烟波中，赵构身着戎装，手执长矛，骑骏马驰骋水中，很是威武。1958 年，香港曾经拍摄了一部粤剧电影《泥马渡康王》，说的也是这个故事。

不过在南京城南还有条饮马巷与赵构有关。相传南宋时金兀术攻进建康府，直奔内桥王府欲活捉康王赵构。康王领着一班臣子向南门逃去，快到南门时，康王的坐骑突然烦躁不安，拉马勒缰也无法控制，马的嘶叫必引来金兵追杀。一小臣告之，马渴须饮水。他们在小巷中找到水井，却无水桶提水，最后在百姓淘米的水缸中让马饮足水，然后才逃出南门，从此小巷便得名“饮马巷”，巷名沿用至今。

李清照与南京城：
春归秣陵树　人老建康城

李清照是宋代著名女词人，婉约派代表，素有“千古第一才女”之称。她的前半生光彩照人，后半生颠沛流离，最终孤苦终老于浙江。李清照一生中三次来过建康(今南京)。

李清照第一次到建康，是在南宋建炎二年(1128)。此前一年，她的丈夫、著名金石学家赵明诚已经来到建康，担任江宁知府兼江东经制副使，而李清照暂时留在山东青州家中。那年金兵大举入侵，北宋灭亡，李清照一路辗转，于建炎二年(1128)初平安到达建康，与丈夫团聚。到建康后，夫妇二人度过了一段相对安宁的时光，除了和丈夫一起整理书帖、研究金石以外，还经常游览金陵胜迹。

传说当年李清照夫妇住在今秣陵路一带。李清照在此创作了著名的《临江仙》词：“庭院深深深几许，云窗雾阁常扃。柳梢梅萼渐分明，春归秣陵树，人老建康城。感月吟风多少事，如今老去无成。谁怜憔悴更凋零，试灯无意思，踏雪没心情。”李清照之后数百年，这里还住过国民党军“五虎将”之一的刘峙，还有现居台湾的余光中，当年他曾经就读于附近的秣陵路小学和第五中学。

建炎三年(1129)赵明诚被罢官，夫妇俩离开建康准备去江西，途经建康远郊的乌江镇时，李清照想起这里是当年项羽兵败自刎的地方，写下了一首《夏日绝句》：“生当作人杰，死亦为鬼雄。至今思项羽，不肯过江东。”此诗是李清照一生中为数不多的豪放诗作。

不久赵明诚又接到朝廷调令，担任湖州知州。他再次路过建康，准备赴湖州上任。没想到赵明诚刚到建康就患病不治，生命垂危。李清照闻讯立刻赶往建康，之后赵明诚在建康病故，李清照悲痛欲绝，写下感人至深的祭文。她还留下了一首千古流传的《声声慢》，泣诉和爱人永别的悲痛心情：“寻寻觅觅，冷冷清清，凄凄惨惨戚戚。乍暖还寒时候，最难将息。三杯两盏淡酒，怎敌他、晚来风急！雁过也，正伤心，却是旧时相识。满地黄花堆积，憔悴损，如今有谁堪摘？守着窗儿，独自怎生得黑！梧桐更兼细雨，到黄昏、点点滴滴。这次第，怎一个愁字了得！”半年后，建康城被金兵攻破，李清照只好携带少量轻便的书帖典籍仓皇南下，她用《浪淘沙》里的“回首紫金峰，雨润烟浓，一江春浪醉醒中”表达了对建康的依依不舍之情。

据说后来李清照曾改嫁张汝舟，可张汝舟却贪恋其财产和名气，对她动辄谩骂，甚至拳脚相加，导致她忍无可忍，把张汝舟告发了。这件事闹得沸沸扬扬，千百年来都有无数人为李清照不值，但此事存在很大的争议，到底是真是假至今仍是悬案。李清照大约在其 60 多岁时，曾再次到过建康。她的晚年生活尤为悲惨，身心俱疲，大约在 1155 年，李清照在孤苦、凄凉中悄然辞世，享年 71 岁。

岳飞与将军山：岳家军大破金兀术

南京南郊有座将军山，属牛首山脉的一部分，因南宋名将岳飞在此抗金而得名。如今这里有座将军山公园，站在山巅俯瞰群山起伏，如诗如画的美景令人陶醉。山上有将军塔、岳王祠、抗金故垒等历史遗迹。

将近九百年前，岳飞在这里筑壁垒设伏兵，大败金军统帅完颜宗弼（即金兀术），一举收复了建康城（今南京）。如今横亘在山脊连绵数里的故垒工事，便是当年激战的见证。据《宋史·岳飞传》记载：“岳飞战于清水亭，又大捷，横尸十五里。兀术趋建康，飞设伏牛头山待之。夜，令百人黑衣混金营中扰之，金兵惊，自相攻击。兀术次龙湾，飞以骑三百、步兵二千驰至新城，大破之。兀术奔淮西，遂复建康。飞奏：‘建康为要害之地，宜选兵固守，仍益兵守淮，拱护腹心。’帝嘉纳。兀术归，飞邀击于静安，败之。”

此战的经过是这样的：南宋建炎四年（1130）春，由于“搜山检海”却没有抓到赵构，又担心擅长水军作战的宋军随时可能断其后路，金军统帅金兀术决定率部北返，欲于镇江渡江北撤。不料在南京和镇江之间的黄天荡被韩世忠部拦截，苦战48天无法通过，不得已返回建康。走投无路的金兵在建康烧杀抢掠，搜刮钱财，准备寻机渡江北返，全城一片混乱。岳飞抓住这个机会，率部迅速从100多公里外的宜兴杀来。岳家军首先和金兵大战于建康府南郊的清水亭，此战令金兵横尸十五里。接下来，岳飞又和金兵在牛首山（又称牛头山）展开大战。岳飞派兵士百余人身穿黑衣，趁着夜色混入金兵营中偷袭骚扰，金兵分不清敌我，自相攻击，乱作一团。宋军乘势大举进攻，又取得一次大胜。

到了五月，金兀术觉得建康非久留之地，准备由建康城西北十五里的靖安镇(今下关，又写作静安)撤退江北。驻扎在牛首山的岳飞果断出击，在靖安镇的长江边一带，歼灭企图北逃的金兵三千多人，缴获的军用物资堆积如山。至此，岳飞率部完全收复了建康城，取得了岳家军对金作战的首场重大胜利。当年岳飞对于收复建康甚为自豪，曾在《宜兴张氏桃溪园厅壁记》中写道：“总发从军，大小二百余战，虽不及远涉遐荒，亦足快国事之万一。今又提一垒孤军，振起宜兴，建康之城，一举而复……即当深入边庭。迎二圣复还京师，取故地再上版籍，他时过此，勒功金石，岂不快哉!”

如今牛首山一带的抗金故垒遗迹仍在。从韩府山沿山脊延伸到牛首山主峰北侧，全长4200多米，断断续续可见昔日故垒的遗迹，将军山是牛首山脉的一部分，这里保留有一小段较完整的壁垒遗址。当年，岳飞命令部队用石头砌成这些防御工事，称它为挡马墙，用来阻止金兵的骑兵。现在这些故垒仍然保存较为完整，沿山望去，垒砌整齐、苔藓遍布、逶迤蜿蜒，故垒与生长在其上面的老虎刺、山竹、茅草和藤蔓等自然地形成了一道屏障。1992年3月，将军山岳飞抗金故垒遗址被列为南京市文物保护单位。

1937年的南京保卫战中，在将军山曾爆发过一场中日两军的大战。中国守军58师在牛首山、将军山一线英勇抗击日军，致使日军人员和装备遭到重创。经过顽强阻击，我方因死伤过重不幸失守。

秦桧与状元境:“状元境”里无状元

在南京夫子庙北侧，今状元楼大酒店门前往西，有条不起眼的小巷叫“状元境”。此巷东起贡院西街，西至教敷营，据说历史上是秦桧一家住过的地方。也有说法是秦桧的儿子秦熺与孙子秦埙的居住地。

关于“状元境”的来历，坊间有若干说法。一种说法是以秦桧的儿子秦熺、孙子秦埙两状元居此而得名。清末陈作霖的《钟南淮北区域志》在描绘地名“状元境”时，称“宋秦桧父子居此，皆举状元，以丑其人，故没其姓氏，但称为状元境”。但查阅史籍，只记录秦桧曾在政和五年(1115)进士及第，词学兼茂科。所谓进士及第，是科举殿试及第者的称谓，科举殿试时录取分为三甲，其中一甲三名，赐“进士及第”称号，也就是进入前三名了，但第一名才叫状元，第二名、第三名叫榜眼、探花。据《宋史·何栗传》载：“何栗，字文缜，仙井人，政和五年进士第一。”这“进士第一”正是“状元”的意思。也就是说，按照正史记载，秦桧不是状元，和他同一届的何栗才是那一年的状元。

秦桧儿子秦熺也不是状元。绍兴十二年(1142)壬戌科，在秦桧的运作下，本来的第一名内定为秦熺。后来在舆论的压力下，秦桧只能将秦熺的头名让了出来，那一科的状元是福建人陈诚之。秦桧的孙子秦埙于绍兴二十四年(1154)也曾参加廷试，本来也被内定为状元，后来由于宋高宗的亲自干预，南京江浦人张孝祥被钦点为状元，秦埙仅为探花。由此可见，秦桧一家“父子状元”“祖孙状元”的说法都不是事实。之所以此巷不叫“秦状元境”，皆因秦桧是陷害岳飞的奸臣，此地人羞于提到“秦”字，因而只称“状元境”。秦桧事发后，这里的秦氏族人一部分回到乡下老家，留下来的将“秦”字上面的三横，移下来改姓“徐”。

此外还有一种说法，《南京地名大全》认为，“状元境”的得名和秦桧父子无关。南唐时，这里是国子监巷，明清时因此巷毗邻江南贡院，这里有很多书店，其中就包括当年南京最有名的旧书店“李光明”。贡院的考生喜欢到这里住宿和淘书，店家为了讨个好彩头，称这条巷子为“状元境”。既然秦家人压根就没当过状元，似乎这后一种说法更为靠谱。

南京跟秦桧有关的地名还有几处。一处是秦桧墓。关于秦桧死后葬于何处，历史上并无十分明确的说法。但宋《景定建康志》曾记载：“太师秦桧墓在牛首山，去城 18 里”；元《至正金陵新志》和一些地方志都沿袭其说。宋人岳珂在《程史 · 牧龙亭》中记载：“金陵牧龙亭，秦氏之丘垄在焉。”这些史料都未准确指出秦桧墓葬的具体地点，但大体位置已经圈定，即为今南京市江宁区牧龙镇一带。1986 年，南京市博物馆考古人员曾在此地发现秦桧的家族墓，出土了包括钱币、瓷器等在内的多件文物。在其中的一个宋瓷碗上发现了“秦待制位”字样，因秦桧重孙曾经受“待制”衔，故这座墓葬被确定为秦桧直系后裔的墓葬——秦桧家族墓。按照我国古代惯例，后代子孙的墓一般都在先祖墓地的百米范围内，故有关专家推测，秦桧本人的墓就在这附近。

南宋诗人杨万里当年在路过秦桧墓时，写过一首《宿牧牛亭秦太师坟庵》：“两关只有一楼侯，瀛馆宁无再帝丘。天极八重心未死，台星三点坼方休。只看壁后新亭策，恐作移中属国羞。今日牛羊上丘垄，不知丞相更嗔不。”可见秦桧尸骨未朽，其墓地就成了牧童放牧牛羊的草地，难怪后人难觅其踪。《续金陵琐事》(上卷)则记载，明宪宗朱见深当皇帝时，江宁人盗掘秦桧墓事发，被抓后，却没有被严惩，反而被从轻处罚：“秦桧墓在江宁镇，岁久榛芜。成化乙巳秋八月，被盗所发，获货贝以巨万计。盗被执，而司法者未减其罪，恶桧也。”

栖霞区西岗街道有个桦墅村，村里多数人家姓秦，自称为秦桧后人。桦墅村以前不叫此名，而是叫“大王村”，相传因为村里出了个秦桧，大家讨厌他，村名也太过招摇，便以村头的两棵百年桦树为意，改名为桦墅村。据说这里是秦桧的老家，但秦桧生于湖北黄州(今黄冈)，论老家应在黄州而不是桦墅村。即便真是其老家，秦桧死后就应该葬在这里。不过也许当初秦桧的老祖宗移居南京时，就落脚在这里。还有一种可能，秦桧事发后，其后人移居到这里，从此定居下来。如今这里是个网红村，并没发现跟秦桧有关像样的遗迹。

元文宗与王府巷：从“赝品”到“真品”

王府巷在南唐时期叫做“皇甫巷”，音讹为王府巷，位置在今建邺路朝天宫的东北侧。元文宗孛儿只斤·图帖睦尔称帝前，在建康(今南京)做怀王时就居于此。

此地原是南唐皇甫晖宅基。皇甫晖历任歙州刺史、神卫都虞侯，后任奉化军节度使，负责镇守江州。956年，后周攻掠淮南，皇甫晖兵败被擒，因为伤重拒绝就医而亡。元时图帖睦尔就在皇甫晖的宅基上建了座怀王府，改名大王府巷，王府之名从那时起才真正名副其实，并一直沿用至今。1997年拓并大王府巷、三茅宫、铁管巷，取大王府巷中“王府”二字得名“王府大街”。王府大街东侧有小王府巷，东接丰富路，西接王府大街，与原大王府巷相交呈“T”字型。

元文宗孛儿只斤·图帖睦尔是元朝的第八位皇帝，蒙古帝国第十二位大汗。1325年，他以怀王身份出居建康，至1328年迁往江陵，实居建康三年有余。当年七月，泰定帝孛儿只斤·也孙铁木儿病死于上都(今内蒙古锡林郭勒盟正蓝旗上都镇)，知枢密院事燕铁木儿在大都(今北京)发动政变，谋立武宗之子为帝。遣使至江陵迎接入都，八月抵大都。九月登基，是为元文宗。即位后即下旨改建康为集庆，在他于南京做怀王时府邸的基础上，修建大龙翔集庆寺，同时召来印度禅师住持，派大中大夫主管寺务。据《江苏地方志》记载，这里“钟喧鼓鸣，香烛不熄”，形容的就是当年金陵首刹大龙翔集庆寺的繁盛之景，元代统辖天下僧事的僧录司也一度设于寺内。

1368年，明太祖朱元璋将寺名改为天界寺，并在此开局修纂《元史》。以左丞相李善长为监修，宋濂、王祎为总裁编修，召集汪克宽、胡翰、赵埙等十六人参加纂修。这次编写仅用时188天，便修成了除元顺帝一朝以外的本纪47卷，志53卷，表6卷，传97卷，共210卷。这次修史，以大将徐达从元大都缴获的元十三朝实录，以及元代修的典章制度史《经世大典》为基础纂修而成。

1388年寺内发生大火，全寺尽毁，新寺改建于中华门外，朱元璋赐名“天界善世寺”，后来成为南京的三大寺之一。原寺旧址上再未建任何官府建筑，而渐被民居街巷所取代，只留下一个“大香炉”的地名。“大香炉”巷在今新街口南，南起木料市，北接明瓦廊。清代甘熙的《白下琐言》载：“巷口有铁鼎，俗呼为大香炉，上存元时年号，并含奉龙翔寺各姓名数十家”，巷因以为名。至于后来大龙翔集庆寺前仅存的那只铁鼎何时消失，已无从考证。

南京还有个老地名叫“老王府”，在洪武路北段，位于原来土街口南至卢妃巷一段，1929年拓建洪武路时被拆除，这个地名也随之消失了。“老王府后”也是曾经的老地名，在洪武路西侧淮海路一段，因位置在老王府之后得名，1930年拓建淮海路时被拆除。不知这两个地名跟当年的怀王府有无关联。

朱元璋与明故宫：大明王朝的紫禁城

明朝由明太祖朱元璋所建立。1356 年 3 月，朱元璋率军攻占集庆(今南京)，改名为应天府。此后朱家军南征北讨，十二年后朱元璋才称帝。1361 年，朱元璋被小明王韩林儿封为吴国公，1364 年称吴王，初步建立政权。洪武元年(1368)正月初四，朱元璋在应天府南郊即皇帝位，定国号大明，年号洪武。

朱元璋打下应天府后，起初住在城内一个富户家里。据《明史·列传·秦从龙》记载："时太祖居富民家。"1356 年 7 月，朱元璋搬进原元朝的江南行御史台，之后改建为吴王府，位置在今内桥东南侧的王府园及旧王府一带。据清《同治上江两县志》记载："王府园，元南台遗址也，明祖为吴王居之。新宫既成，此成旧内矣。"直到 1368 年明皇宫建成，朱元璋正式登基，才从吴王府进驻皇宫(明故宫)。明朝灭亡后，吴王府被废为菜圃。清代中期，曾主持过南京钟山书院、被袁枚称为"天下奇才"的清朝著名藏书家孙星衍，在圃中建了私家园林"五亩园"。清代甘熙的《白下琐言》称：清嘉庆中，阳湖(今常州武进区)孙星衍曾侨居旧内之五松园(园内有古松五株)。后又利用菜圃隙地，栽花种竹，称"五亩园"。后五亩园荒废，沦为茶肆。清朝末年，孙权后裔孙绍筠曾买下王府园这块地，并建起一座私家园林，取名"廉园"。园内有亭台楼阁，花草繁茂，太湖石假山点缀其间。民国后期，王府园北边一大片地方已变成荒地，王府园的东北(今慧园里北面)，还有一口大水塘。中华人民共和国成立后，原"廉园"内的太湖石假山被移到了瞻园。1952 年南京市行政区划变更，因该地曾是朱元璋称吴王时的王府，遂定名为王府园，如今这一带已变为居民小区。

明故宫又称紫禁城，始建于1366年，历时26年建成。皇宫的布局包含皇城与宫城，合称皇宫。宫城是皇帝起居、办理朝政、接受中外使臣朝见以及皇室成员居住之地，是南京四重城垣中最里一重，有御河环绕。宫城有四座城门，正南门为午门，西为西华门，东为东华门，北为玄武门，以奉天殿、华盖殿、谨身殿三座大殿，构成了宫城“前朝”的主体部分。往北过乾清门即进入宫城的后廷部分，乾清门内为乾清宫大殿，其后为坤宁宫，坤宁宫东、西两侧为东六宫、春和殿和西六宫、柔仪殿、西宫。此外宫城内还有大本堂，以及位于柔仪殿旁的奉先殿，位于奉天门之东的文渊阁，位于后宫西北角的御花园，位于坤宁宫后的内花园，以及一座不算太小的“动物园”等。

宫城的外圈为皇城，设城门七座，即洪武门、长安左门、长安右门、承天门、东安门、西安门、北安门。正南门为洪武门，位于京城正阳门北面，进洪武门后，为南北向的千步廊，两边建有连续的廊屋，由南而北，为中央政府机关的办公之地，主要是六部、五府和军机事务的办公地。办公按文东武西的格局，文官在东千步廊，武官在西千步廊，国家社稷的宗庙太庙等也在这一带。千步廊尽头为外五龙桥，桥下为外御河。

明永乐四年(1406)，朱棣以南京皇宫为蓝本，在北京元大内宫殿遗址上营建北京皇宫。据《明太宗实录》记载：“(北京故宫)凡庙社、郊祀、坛场、宫殿、门阙，规制悉如南京，而高敞壮丽过之。”明永乐十九年(1421)迁都北京，南京皇宫仍作为留都宫殿，委派皇族和内臣管理。后经历朝代变动和战火，明故宫沦为一片废墟。如今在其上建有明故宫遗址公园，除了还能见到的午门、东华门、西华门台基、西安门、内外五龙桥、千步廊(今御道街)和明御河，剩下的就是一堆大石头了。

今天的御道街在午门以南，南起正阳门(今光华门)，北抵午门(今午朝门)，中有外五龙桥，是明故宫的南北中轴线。当初其北段称千步廊，南段称御道、御街。如今御道街上的外五龙桥还是原桥。北安门是明故宫皇城的北门，朱棣建造的北京故宫，其皇城北门也叫北安门，俗称厚载门。当年一些失宠的太监来南京避风头，他们集中在北安门一带，习惯上称北安门为后宰门。如今在明故宫遗址公园的北侧有座北安门桥，紧邻其东还有后宰门街、后宰门新村等。

朱元璋与骂驾桥：皇上也有挨骂时

朱元璋当皇帝期间，得罪了不少人，南京光是叫“骂驾桥”的地名就有两处。

第一处在长乐路东段，白鹭洲公园南门的西侧。桥已不在，以前是条巷子，现在是座小区。传说明初官府为朱元璋建造皇宫，也就是后来的明故宫，没想到军师刘伯温将地址选在了城东的燕雀湖上，弄得全城大动干戈，据说是移动了三山来填湖造地。偏偏有个倒霉蛋名叫田德颟，因谐音“填得满”，被好事的官员抓了去扔进了燕雀湖，结果不仅湖没填满，还白白坑害了一条人命。可怜田德颟的老母亲悲痛欲绝，天天在此桥上大骂皇帝，久而久之，人们就将老门东小运河上的这座桥更名为骂驾桥。其实《明代南京城图》、清《同治上江两县志》均记载此桥叫马家桥，不知哪位跟朱元璋有过节的仁兄编了这个段子，之后居然以讹传讹，骂驾桥的地名在民间被流传了下来。

第二处在长江路东段，这座“骂驾桥”与不远处的“韩家巷”有关。“韩家巷”东起廊后街，西至中山路，因明代大将韩成被追封建宅于此而得名。韩成是朱元璋称吴王时的部将，在一次与陈友谅的水战中，朱元璋的座舟被陈友谅部将张定边所率船队重重包围。眼看敌船越逼越近，与朱元璋外貌相似的韩成挺身而出，不容分说地扒下朱元璋的衣冠，换上韩成的衣履。朱元璋问韩成有何后事交代，韩成坦然回答：“臣一身为国，岂复念家!”说完站立船头大呼道：“张将军，你若能放了我的部下，我就投水而死。”敌将信以为真，于是当即答应了下来，韩成遂投湖而亡。敌军众将士下水打捞尸体回去邀功，朱元璋趁机逃出重围，再次组织全军反击，终于射杀了陈友谅，彻底摧毁了陈军。

朱元璋称帝后，功臣们排座次封功进爵，却独独忘了韩成。韩母丧子后，生活无依无靠，对朱元璋非常不满。有一次，她在今长江路东段的一座桥上，遇到了朱元璋的銮驾，便拦在路上，朱元璋很奇怪，传令押来相见。韩母站立桥头，历数韩成鄱阳湖救驾之功，痛斥皇上忘恩负义。朱元璋一听是韩成之母，又见她一身乞丐打扮，慌忙下轿赔礼道歉。后来，朱元璋追封韩成为高阳侯，还将韩母接进皇宫，盛情款待，直到高阳侯府建成后，才将韩母送回。"骂驾桥"和"韩家巷"之名，皆由此而来。如今骂驾桥因拆迁改造已经消失，韩家巷的地名仍在。

在南京，跟朱元璋有关的地名还有不少。明代曾有条洪武街，位于今珠江路西段，东起浮桥，西至莲花桥。清《肇域志》引明《南畿志》称："洪武街在北门桥东北，直通西十八卫。洪武中开拓北城始辟此路，故名。"明朝的洪武街与如今的洪武路不是一回事。洪武路位于新街口东侧，南起白下路，北至中山东路。原为土街口、老王府、卢妃巷、虹桥（小虹桥）等路段，1930 年统一更名为洪武路。1986 年，该路以北一段被拓宽，作为新街口的环行道。1992 年全线拓宽，仍沿用洪武路名。

在洪武路南段东侧，还有条闺奁营（巷），东起火瓦巷，西至洪武路。相传朱元璋的第九个嫔妃卢氏曾居住在此，人称"美人巷""卢妃巷"。据说卢妃进宫时，她的妆奁摆满了整整一条巷子，朱元璋派了一个营的人马前来迎接，场面宏大，颇为壮观，引来无数百姓围观，后来军师刘基便将巷名改为"闺奁营"。2003 年，因与娃娃桥拓宽成一条路，且在马府街以西，更名为马府西街。

此外还有一些跟朱元璋有关的地名，如回龙桥、回龙街、转龙车（读"ju"）、转龙巷、党家巷（挡驾巷）、侯家桥（候驾桥）等。老门东还有条龙泉巷，据说有一次朱元璋去看望沈万三，走过一条小巷，看过一个水井，从此该井不干涸，故名龙泉，巷以此得名。五十多年前笔者上小学时，此巷是必经之路，当时巷子里的那口古井还在使用。近些年随着老门东改造，古井不知所踪，巷子也随之消失，只有马道街南侧的一座小院还使用着龙泉巷的门牌。

朱元璋与明孝陵：从未被盗的皇陵

明孝陵在南京东郊的紫金山南麓，是明太祖朱元璋与马皇后的陵寝所在。这座陵墓从洪武十四年(1381)开建，先后调用了军工10万，历时25年才完成。

就在明孝陵开建的第二年(1382)，马皇后去世葬入此陵，定名为“孝陵”。孝陵之名，一说是马皇后谥“孝慈”，取意于谥中的孝字；一说有“以孝治天下”之意。1398年朱元璋于应天府驾崩，遂启用地宫与马皇后合葬。据南京老辈人传说，当年朱元璋出殡时，南京城十三个城门出棺材，一是彰显隆重，二是防止盗墓。不过以明孝陵如此浩大的规模，且离城这么近，民间不可能一无所知。

1937年南京沦陷时，明孝陵地面的木制建筑均被战火焚毁，但陵区的基本面貌没变。明孝陵规模宏大，建筑雄伟，建成时围墙内享殿巍峨，楼阁壮丽，为明清皇陵之首，影响明清两代五百余年帝王陵寝的形制。2003年，明孝陵及明功臣墓被列为世界文化遗产。

明孝陵的总体布局分为两个部分：一是导引建筑的神道，二是陵寝主体建筑。小时候经常去中山陵，明孝陵给我的感觉就是庄严肃穆，总有点闲人莫入、敬而远之的印象。去年6月，笔者曾重走明孝陵，从中山门大街的下马坊往西北方向，途经大金门、四方城神功圣德碑、石象路、翁仲路、棂星门，过金水桥，经文武方门、孝陵门、孝陵殿、内红门、方城明楼，最后到达埋葬朱元璋夫妇的宝顶。宝顶近似圆形，是一个直径约400米的圆形大土丘，为朱元璋和马皇后合葬的地宫所在，周围砌有砖墙。宝城厚实坚固，依山势高低起伏，下砌巨石，上用明砖垒筑。在南边石壁上，于民国时期刻有“此山明太祖之墓”七个大字。1998—1999年，南京市文物局等有关部门采用先进的精密磁测，证实朱元璋墓的地宫就在这下面，埋葬深厚，保存完好，从没有被盗过。根据探测结果，地宫建筑面积竟达 4000 多平方米，几乎是已发掘的定陵地宫面积的三倍。明孝陵神道并不是一条直线，而是形似北斗七星，整体呈弯曲状，原因就是为了避开东面的梅花山(古名孙陵岗)，东吴大帝孙权的陵寝就在这里。传说当年建陵时，朱元璋说过："孙权也是条好汉，留着他守门吧!"作为一代英主的朱元璋，开创了大明王朝 276 年的基业，在中国历史上具有很高的地位。

沈万三与明城墙：钱可养人亦可害人

沈万三乃明初江南首富。本名沈富，号万山，行三，故世称万三。祖籍浙江南浔，后迁居苏州周庄。沈万三在此靠经商发迹，后迁居南京继续经商，住城南马道街。笔者1960年代上小学时沈宅还在，大部被马道街小学占用。大门为木制门楼，雕梁画栋，甚为豪华。后城市改造被拆除，沈宅仅剩一两间老屋。

据民间传说，明初朱元璋建造聚宝门（今中华门）时，地基下陷反复建造不成，朱元璋知晓此事后令谋士算卦，说城墙基础有怪兽专门吃土吃城墙砖，需要在城下埋一个聚宝盆以镇压。朱元璋遂下旨征收沈万三的宝物聚宝盆，并埋于城门之下，果然建成，该门因此得名“聚宝门”。其实聚宝门之名取自它南面的聚宝山（今雨花台），跟沈万三的聚宝盆没什么关系。

聚宝盆的故事是真是假姑且不论，沈万三出钱修南京城墙却是真事。《明史·马皇后传》记载：“吴兴富民沈秀（沈万三）者，助筑都城三之一……”是说朱元璋建立大明王朝以后，不管是百姓还是将士都需要休养生息，其中最关键的便是缺钱。朱元璋想要修建南京城墙，但当时的国家一穷二白国库空虚，于是便想起了沈万三。表面上对他说国家需要帮助，希望他伸以援手，但明眼人都知道，这是皇帝的命令而非请求，一旦沈万三不从便会引来杀身之祸。不过他也算知趣，一下子便捐钱修了南京三分之一的城墙，虽然看起来财大气粗，也获得了朝廷的赏赐，但却为以后的结局埋下了祸根。

沈万三之所以不受朱元璋待见，皆因他曾资助过朱元璋的死敌张士诚。朱元璋建立大明之前，曾和张士诚在苏州对峙了八个月，若不是苏州富民给张士诚提供了财力支持(其中沈万三出钱最多)，张士诚也撑不了这么久。苏州破城后，沈万三迅速倒戈投奔了朱元璋，可惜他早就成了老朱的一块心病。

尽管城墙修完后，沈万三得到了朱元璋的赏识，还把他的两个儿子都提拔做了官，但只是为了堵别人之口而已。聪明一世糊涂一时的沈万三并没意识到这一点，一时兴起，便又跟朱元璋建议，自己可以出钱犒赏三军。《明史·马皇后传》记载："(沈万三)又请犒军。帝怒曰：'匹夫犒天子军，乱民也，宜诛。'后(马皇后)谏曰：'妾闻，法者诛不法也，非以诛不祥之民。富敌国民自不祥，不祥之民天将灾之，陛下何诛焉?'乃释秀，戍云南。"是说朱元璋听完后立马暴跳如雷，一个小小的商人还敢越过皇帝直接去犒赏三军，真的以为自己是天子吗?此时的朱元璋对沈万三动了杀心，幸亏在旁的马皇后帮着说了几句好话，沈万三才被判发配云南。

笔者八年前去贵州旅游，在一个名叫"天龙屯堡"的寨子里，见到了沈万三被发配云南后曾经住过的小院，景况很是凄凉。寨子里的沈姓族人是沈万三长子沈茂的后人，据说他们曾专门组团到南京，在城南马道街找到了沈万三当年故居的遗迹，了却了寻根谒祖的心愿。在屯堡中心的小广场上，有沈氏族人南京寻根归来所立的"叶茂思根"碑，碑座下埋藏着族人在南京明孝陵捧回的泥土，碑后刻有"万派归宗源有本，一脉两地祖无分"的文字，作为他们对故乡永久的纪念。

俞通海与百猫坊：由石猫引出的民间传说

“百猫坊”又称白猫坊、石猫坊，为明初虢国公俞通海府前的牌坊，也是江苏地区唯一留存的明代府第石坊。原位于升州路南彩霞街南端西侧，西接渡船口，为一座四柱三间坊。据《续纂江宁府志》记载：“上浮桥，明俞通海宅，石门楼及西楼虽蔽犹存。”从老照片上看，此坊在二十世纪七八十年代就已经残缺。百猫坊虽在1982年被公布为南京市文物保护单位，但十几年前就已被拆除，构件由文物部门保管。据《南京明清建筑》描述，此坊高3.6米，宽10米，“百只石猫千姿百态，栩栩如生，横额处的石猫更是神态各异，玲珑可爱”。

可爱生动的石猫形象衍生出一段民间传说。相传朱元璋称帝后，俞通海、俞通源和俞通渊三兄弟，均因战功封侯、封公。俞通海死后，被追封为虢国公，谥忠烈，并为他的后代盖了一座虢国公府。但有俞氏冤家在朱元璋面前挑拨说俞宅有“王气”，还说有两条“鱼精”，从燕雀湖逃向秦淮河边俞通海家宅附近的一条小沟里，躲藏起来。朱元璋担心其“鱼（俞）入海（通海）成龙”，担心俞家造反，于是问计刘伯温。刘伯温出谋划策，请朱元璋御赐俞通海这座雕满石猫的牌坊，取“猫吃鱼（俞）”之意，整日虎视眈眈地盯着俞家大门，让“鱼精”不敢出来，永无翻身之日。同时还下令将俞府旁秦淮河里的鱼赶尽杀绝。他采取的措施是，先在上下浮桥布满滚钩，将鱼堵在这段秦淮河内聚歼之，并命令部队将捕来的鱼全部用柳枝串起来挂在街上晾晒。这样，整条街就布满了落下的柳叶，因此人们就叫这条街为柳叶街；还有用船板拦鱼的“船板仓”（又叫船板巷）；用门板在桥洞口堵鱼的“堵门桥”（后称陡门桥）；设台钓鱼的“钓鱼台”；从江边将鱼往回赶的“赶鱼巷”（今称甘雨巷）等等。

关于“百猫坊”的传说，显然是一个编造的故事，讽刺的对象不是俞通海而是朱元璋。朱元璋称帝后，对开国功臣猜忌、杀戮，为朱家后人接班护航，人们借各种传说来发泄对朱元璋的不满。不过故事中的百猫坊、柳叶街、船板巷、堵门桥（陡门桥）、钓鱼台和赶鱼巷（甘雨巷）都是真实存在的地名，俞通海也是确有其人。

俞通海（1330—1367），字碧泉，祖籍濠州（今安徽凤阳），明朝开国水军将领。俞通海起初在巢湖与赵普胜结寨建水师以御元军，后率水师万余投奔朱元璋。随渡长江，占领集庆（今江苏南京），率水师攻打张士诚军，迫其援军退还。后与陈友谅战于鄱阳湖，多次率战船突入敌阵，纵火焚烧陈军战船数百艘。又率军攻湖州（今浙江湖州），占太仓（今江苏太仓），进围平江（今江苏苏州）时身负重伤，不久死于战伤，是一个为明朝的建立立下汗马功劳的杰出军事将领。

朱标与明东陵：一座被忽视的帝陵

外地人来南京旅游，多半要去明孝陵打卡，但很少人知道，紧挨着明孝陵的还有座明东陵。笔者趁着去钟山文学馆参观刘勰与《文心雕龙》展览的机会，顺便去明东陵看看。出文学馆北面的小门，沿小道往北偏西方向步行百余米，就到了明东陵遗址公园。对于笔者这个老南京来说，来明东陵还是第一次。

资料上记载，明东陵的布局原有陵垣、陵寝大门、享殿前门、享殿及宝顶等建筑，主要建筑分布在一条南北轴线上。经笔者观察，目前陵垣已不见踪迹，基址以上的建筑均已无存，陵区仅剩下享殿前门基址、享殿基址以及排水设施等遗迹。两个基址都建在大约一米来高砖砌的平台上，前门基址比享殿基址略低，面积小于后者，二者之间有砖道相连。经历六百多年风雨侵蚀，虽已是残垣绝壁，基址都还算完整。平台上遗留着几排石头柱础，根据北面一块较大基址旁竖立的标识牌显示，此处原是享殿所在。享殿的北、东、西三面是宽阔的排水沟，北面排水沟以北应是宝顶所在，如今长满了树木，且与山体混为一体，已难以辨别。不过根据一般陵寝的布局，宝顶的位置应该就在这里。

前门基址往南有条南北向道路，按常规应为神道，但在神道两侧并未见到石像生与石翁仲，据专家考证是与明孝陵共用了一条神道。这种父子陵寝共用一条神道的做法，为后来的北京明十三陵所沿用。明东陵与明孝陵相比，总体布局相似，但前者只能算后者的缩微版，这是由下葬时墓主人的身份所决定的，太子与皇帝不可同日而语。

明东陵的主人叫朱标，他是明太祖朱元璋与马皇后的长子，生于元至正十五年(1355)。朱标从小好学上进，品学兼优，性格温文儒雅，仁慈宽厚，在父母面前是个懂事的孩子。他在一众皇弟们面前也很有大哥的样子，在兄弟诸王中享有很高的威望。朱标深得朱元璋的喜爱和信任，朱元璋对这个大儿子格外器重，悉心培养。洪武元年(1368)，朱元璋立朱标为皇太子，正式确立他为自己的接班人。九年后朱标长大成人，朱元璋便让他协助处理朝廷事务，“特命尔日临群臣，听断诸司启事，以练习国政”。(《明史·列传第三》)并下令“今后一切政事并启太子处分，然后奏闻”。其意图就是让朱标尽早熟悉政务，多方经受历练，为将来接班做准备。

可惜天不遂人愿。洪武二十四年(1391)，朱元璋有迁都之意，派朱标前往关中与洛阳考察。考察返京后不久，朱标便罹患重病，次年四月病故，年仅37岁。朱标死后，白发人送黑发人的朱元璋哭成了泪人，将其袝葬在自己的明孝陵东侧，谥“懿文太子”，称懿文太子陵。

既然叫懿文太子陵，后来怎么又变成了明东陵呢？这里面是有故事的。

故事还是要从朱元璋说起。朱标病死，这给朱元璋出了道大难题。按说重新立个太子就是了，但事情远没有那么简单。朱元璋有十几个儿子，朱标一死，谁都想当太子，最有资格的是次子朱樉，兄终弟及，顺理成章。偏偏朱元璋对朱樉并不满意，朱樉因多次犯错遭到朱元璋的训斥，吓得他只敢呆在封地西安，尽量不与朱元璋见面，所以立他为太子不太可能。但立其他皇子为太子，显然名不正言不顺，强行立了也恐日后生乱。

也许是太爱大儿子了，朱元璋拍板立朱标的次子朱允炆为皇太孙(长子朱雄英已故)，作为自己的接班人。如此立储直接越过了儿子辈，表面上看合乎情理，作为皇帝也有这个权力，但正当年富力强的一众皇子们，心有不服也很正常，这为日后的宫廷内乱种下了祸根。朱元璋死后朱允炆即位，是为建文帝。偏偏朱允炆也不是个省油的灯，为了加强自己的皇权，他要对皇叔们进行削藩，而且对燕王朱棣已经有所行动，由此引发朱棣以“清君侧”为名发动“靖难之役”，叔叔夺了侄子的皇位，朱允炆生死不明，留下了一桩历史悬案。

建文元年(1399)朱允炆即位时，曾追尊其父朱标为孝康皇帝，庙号兴宗。其实在历史上，皇帝追尊自己父亲为帝王的不乏先例。当年朱元璋称帝后，就曾追尊他的父亲朱五四(朱世珍)为帝，庙号仁祖，谥号淳皇帝，并在凤阳为其建了明皇陵。其实朱五四本人，就是个在饥荒中被饿死的贫苦农民，不要说当皇帝，就连当朝皇帝长啥样、皇宫的大门朝哪开都不知道，相比起来朱标已贵为太子，当皇帝是迟早的事情。既然被追尊为皇帝，朱标的陵墓就是帝陵，再称太子陵显然不合适，因位置在明孝陵东侧，所以懿文太子陵就改称为东陵。明成祖朱棣夺位后，废除了朱标的帝号与庙号，复称懿文太子，东陵便回归为懿文太子陵。崇祯十七年(1644)朱由崧即位后，复称朱标为兴宗孝康皇帝，懿文太子陵又变回了东陵，此名一直沿用至今。

回过头来看，如果当年朱标没病死，论能力和威望，应该是个有所作为的皇帝。如果朱标登基，想必朱棣不敢也没能力夺他大哥的权，也就不会发生所谓的“靖难之役”，更不会有朱允炆下落不明的悲惨结局，明代乃至整个中国历史都要改写。但历史就是历史，既没有“如果”也没有“也许”，历史有它的偶然性，也有它的必然性。不过若是朱标对身后发生的事地下有知，也许会徒增些人走茶凉的悲哀吧!

方孝孺与正学路：
宁死不屈的“读书种子”

南京雨花路东侧有条正学路，过去是去晨光机器厂（今晨光集团）的必经之路，明代学界巨擘方孝孺曾居此。因其在汉中府任教授时，蜀献王赐名其读书处为“正学”，亦称“正学先生”，故名正学路。六十年前，正学路是条比较宽的柏油马路，路的尽头便是晨光厂的大门。晨光厂的前身是1865年李鸿章任两江总督时，在南京创办的金陵机器制造局，是我国最早的四大兵工厂之一，被誉为近代民族工业的摇篮。如今这里被改造为晨光1865创意产业园，园区里清代的厂房保存完好。

方孝孺是浙江宁海人，中国历史上最早被誉为“读书种子”的大儒。《明史·方孝孺传》记载：洪武十五年，“以吴沉、揭枢荐，召见。太祖喜其举止端整，谓皇太子曰：‘此庄士，当老其才。礼遣还。’”说的是洪武十五年（1382），因吴沉、揭枢的推荐，方孝孺被朱元璋召见。朱元璋欣赏他举止端庄严肃，对皇太子朱标说，这是一个品行端庄的人才，你应当一直用他到老，然后按照礼节送他回家。1399年建文帝朱允炆即位，他被召到南京，担任建文帝的老师。建文帝采纳齐泰、黄子澄削藩建议，遭到以燕王（朱棣）为首的藩王反对。方孝孺起草了征讨燕王的诏书和檄文，从此跟朱棣结下梁子。

1402年的靖难之役中，朱棣攻克南京，建文帝不知所终。朱棣知道方孝孺文才了得，想要他起草即位诏书以昭告天下。据《明史·方孝孺传》记载：方孝孺被召到朝廷，“悲恸声彻殿陛。成祖降榻，劳曰：‘先生毋自苦，予欲法周公辅成王耳。’孝孺曰：‘成王安在？’成祖曰：‘彼自焚死。’孝孺曰：‘何不立成王之子？’成祖曰：‘国赖长君。’孝孺曰：

‘何不立成王之弟？’成祖曰：‘此朕家事。’顾左右授笔札，曰：‘诏天下，非先生草不可。’孝孺投笔于地，且哭且骂曰：‘死即死耳，诏不可草。’成祖怒，命磔诸市。孝孺慨然就死，时年四十有六”。明代张瀚的《松窗梦语》亦有记载：“建文逊去，文皇(朱棣)召用，不屈。文皇命孝孺草即位诏，悲恸彻殿，大哭且骂曰：‘死即死，诏不可草！’文皇大怒：‘即死，独不顾九族乎？’孝孺曰：‘便十族奈我何！’文皇大怒，竟磔诸市。孝孺慨然就戮，之死靡悔。”

可见朱棣在盛怒之下，竟不顾姚广孝“杀孝孺，天下读书种子绝矣”的劝告，下令在午门内将方孝孺以酷刑处死。1402年7月25日，方孝孺慷慨赴死，作《绝命词》一首：“天降乱离兮，孰知其由？奸臣得计兮，谋国用猷。忠诚发愤兮，血泪交流。以此殉君兮，抑有何求？呜呼哀哉兮，庶不我尤！”方孝孺妻子亦上吊自杀，两个女儿也投秦淮河自尽。朱棣将其门生数人连同其九族并而诛之，是为“十族”。方孝孺是中国历史上唯一被株连十族的人，共株连致死870余人。后来他的门生廖镛、廖铭悄悄收拾了他的遗骨，掩埋在聚宝门外的山上。今方孝孺墓在雨花台(古聚宝山)东北麓，明万历年间方孝孺平反后，汤显祖重新为其修墓、建祠，方孝孺的墓葬终于得以保存。清代李鸿章在两江总督任上又重修，民国期间再次重建。

方孝孺忠心不二、宁死不屈的精神，深受后人敬仰。朱棣的儿子明仁宗朱高炽，曾亲自为方孝孺平反：“方孝孺辈皆忠臣，诏从宽典。”万历二年(1574)，明神宗朱翊钧亲自下诏：“革除被罪诸臣，除齐泰、黄子澄外，其方孝孺等连及罪累者俱令查勘豁免。”这也是明朝皇帝第一次以官方的形式对方孝孺进行平反，此时距离方孝孺殉难已经过去了172年。清代曾在明故宫午门内，于方孝孺当年的殉难之处，为他建了一座方孝孺祠，以示纪念。

朱棣与大报恩寺：
中国之大古董　永乐之大窑器

明成祖朱棣，是明朝历史上一位很有作为的皇帝。他发动靖难之役，从侄子朱允炆手中夺得皇位，虽然得偿所愿，总还有些名不正言不顺的心理阴影。为了证明自己对先祖的忠诚，1412 年起用了 19 年时间，朱棣在聚宝门(今中华门)外的原建初寺遗址上建了一座大报恩寺，以报其父母明太祖朱元璋和马皇后之恩。

“南朝四百八十寺，多少楼台烟雨中”，唐代大诗人杜牧诗中的“四百八十寺”，起源地就在大报恩寺。此地建寺始于孙吴，历朝历代建了毁毁了建，先后有过建初寺、长干寺、天禧寺等名称。建初寺是洛阳白马寺之后中国的第二座佛教寺庙，建于孙吴赤乌十年(247)，目的在于安置西域僧人康僧会和他带来的佛骨。建初寺中的阿育王塔，就是放置佛祖释迦牟尼顶骨舍利的地方。2007 年在对大报恩寺遗址考古发掘中，于原长干寺地宫中，发现了阿育王塔与释迦牟尼佛顶骨舍利，一时震惊了全世界。现阿育王塔落户于南京市博物馆，佛顶骨舍利则供奉在南郊牛首山专门修建的佛顶宫中。

大报恩寺有座九级五色琉璃塔，塔高 78.2 米，相当于 26 层楼房的高度，当年远在数十里外的长江上都能看见。塔身通体用琉璃烧制，自建成至衰毁一直是中国南方最高的建筑。有欧洲人将它列入中世纪世界七大奇迹，还有老外称它是“中国之大古董，永乐之大窑器”。当年造塔时烧制的琉璃瓦、琉璃构件和白瓷砖，都是一式三份，建塔用去一份，其余两份编号埋入地下，以备缺损时上报工部，照号配件修补。中华人民共和国成立后，在中华门外的窑岗村、芙蓉山、眼香庙一带，发现了为大报恩寺琉璃塔烧制琉璃构件的聚宝山官窑窑址，并出土了大量的琉璃构件，背后大都有墨书的编号和标记，现陈列于南京市博物馆的大报恩寺塔琉璃拱门套件，就出自当年的备件，还有部分备件及残件分藏于中国历史博物馆和南京博物院。

关于大报恩寺及琉璃宝塔被毁有几种说法：一说是1854年的天京之战中，清军攻占雨花台后，为防清军占据大报恩寺塔居高临下炮轰南京城，太平军先下手为强，“用火药轰之，复挖空塔座下基地，数日塔倒，寺遭焚毁”；另一说则是毁于1856年的天京之变中，北王韦昌辉因担心翼王石达开占领城外的琉璃塔炮轰城内，遂炮轰、炸毁此塔；还有人认为是清军曾国藩所为。无论何种原因，这一世界级珍贵文物被毁，实在令人痛心。

十九世纪末，大报恩寺遗址上已是一片废墟，人们陆续在遗址上建起了居民区，但街巷的名称都与大报恩寺有关。比如南山门、北山门、宝塔山、宝塔顶、南宝塔根、北宝塔根等。笔者嫂子的娘家拆迁前就住在大报恩寺遗址上的北山门(街)。她小时候街巷里有两座碑(其实就是今遗址公园里的永乐碑和宣德碑)，其中一处碑座上的“大乌龟”(赑屃)已经没了头。在北山门附近，地面上还有个圆弧形的石头建筑，当时人们称它为香河桥，后来有人家在此盖房子，桥就不见了。她家隔壁还有个叫“沟边上”的地方，“文革”时挖防空洞，竟然挖出了一段大水沟，邻居家的房子就建在了大水沟之上。今天看来，这条大水沟无疑就是大报恩寺门前的那条香水河，河道上的香河桥如今也被清理发掘了出来。

徐达与瞻园：劳苦功高的首功之臣

徐达是朱元璋建立大明王朝的第一功臣，开国元勋，早年参加了朱元璋的起义军。当年他鄱阳湖打败陈友谅，苏州城消灭张士诚，克安徽、进湖北、下湖南，随后挥师北上，攻大都(今北京)推翻元朝统治，取山西、甘陕，大破扩廓帖木儿。后长期留守北平，巩固边防。徐达为人谨慎，善于治军，身经百战，戎马一生，为明朝的建立与巩固立下不朽功勋，可谓是战功赫赫，劳苦功高。

1368年朱元璋在应天府(今南京)称帝，建立大明王朝。朱元璋论功行赏，犒劳功臣，徐达位列开国六王之首。朱元璋住进皇宫(明故宫)后，欲把他原住的吴王府赐给徐达，因徐达不敢要，于是就将离吴王府南面不远的一块地赐给了他。《明史·徐达传》有明确记载："帝尝从容言'徐兄功大，未有宁居，可赐以旧邸。'旧邸者，太祖为吴王时所居也。达固辞。"朱元璋出于好意，徐达为何坚辞不受，恐怕还是怕功高盖主，日后遭到暗算。于是徐达在朱元璋赐给的地块上，建了自己的王府以及府邸花园——瞻园。

瞻园素以假山著称，以欧阳修诗"瞻望玉堂，如在天上"而命名，明代被称为"南都第一园"。经徐氏后人修缮与扩建，至万历年间已初具规模，其范围西至今中华路，东邻夫子庙。为表彰徐达的功绩，朱元璋赐予王府前东西各立一坊，名大功坊。清《同治上江两县志》载："大功坊街东，《金陵琐事》高帝以魏国公达，勋业非常于居第左右，特各建一坊，榜曰：'大功'以旌异之。"今中华路教敷营至瞻园路之间的路段，曾是西大功坊的所在，街名就叫大功坊。1932年西大功坊并入中华路，东大功坊消失。

1385年徐达在应天府病逝，享年54岁。朱元璋追封其为中山王，赐谥号“武宁”。徐达墓今位于太平门外板仓街192号，入口处立“明中山王神道”牌坊，神道长约300米，牌坊后为神道石刻。现尚存神道碑一块，石马、石羊、石虎、武士、文臣各一对。“御制中山王神道碑”是明代功臣墓中最大、最有代表性的一块，刻有朱元璋亲自撰写的碑文，记载了徐达一生的功绩。神道的终点是墓冢，为徐达夫妇合葬墓，墓冢前有其后人所立石碑，上刻“明魏国公追封中山王谥武宁、夫人谢氏之墓”。在徐达墓的东西两侧原为徐达家族墓葬。

明朝灭亡后，瞻园在清代成为江南行省左布政使署，乾隆皇帝巡视江南曾驻跸此园，并御题“瞻园”匾额。太平天国时先后为东王杨秀清东王府、夏官副丞相赖汉英衙署和幼西王萧有和府。清军夺取天京时该园毁于兵燹。清末瞻园曾两度重修，但景况大不如前。民国时，江苏省长公署、国民政府内政部、水利委员会、中统局、宪兵司令部看守所等先后设于园内，中共党员陶铸、陈赓、邓中夏以及田汉、丁玲等都曾在这里被关押过。中华人民共和国成立后，南京市公安三分局曾驻此园。1958年后，南京市将太平天国历史博物馆设在园中。如今的瞻园面积虽然不大，经多年修缮后却颇具特色，是当今江南名园之一。

城西莫愁湖有座胜棋楼，也跟徐达有关。相传朱元璋与徐达经常在此下围棋，尽管徐达棋艺高超，每次都故意输给皇上。朱元璋深知其意，便命徐达拿出真实水平。一次他与朱元璋对弈，一番厮杀后，徐达落下最后一子，使满盘棋子出现“万岁”字样，博得朱元璋龙颜大悦，便将此楼连同莫愁湖赐给了徐达。

常遇春与常府街：大明王朝的二号功臣

南京人比较熟悉常府街，地铁三号线就设有常府街站。此街在今太平南路东侧，东接龙蟠中路，西接太平南路，因明初开平王常遇春府衙在此而得名。朱元璋称帝后，封常遇春为鄂国公，并于今杨公井一带赐地建府，府门前的横街被称为常府街。

常府的规模很大，现在的常府街只是当年常府的一部分。常府花园中仅大小池塘就有九个，号称“九莲塘”。如今常府街西头八一医院对面，还有个以九莲塘为名的居民小区。除了兴建常府外，朱元璋还在常府东西两侧赐建了两座十分壮观的牌楼，上刻各种花卉纹饰，精美无比，周边老百姓称之为“花牌楼”。久而久之，花牌楼就成了一个通用地名流传后世500多年。1910年的《金陵省城警政全图》上，还记载有“花牌楼”地名，即今太平南路的文昌巷口至常府街口一段。西花牌楼在1920年代还在，当时花牌楼下的马路是南京知名的“书店一条街”，全国各大书店纷纷在此开设分店，如商务印书馆、中华书局、世界书局、开明书店、中央书店等。

常遇春出身于贫苦农民之家。年少时曾跟人干过拦路抢掠、入宅为盗的勾当，1355年投奔朱元璋的队伍。《明史·常遇春传》记载：“遇春，字伯仁，（安徽）怀远人。貌奇伟，勇力绝人，猿臂善射。”常遇春号称明朝第一猛将，为朱元璋南征北战十五年，其战功仅次于徐达。他虽然文化水平很低，但用兵之法往往与古代兵法相合，出奇制胜，未尝败绩，时称常胜将军。十五年中，他鏖战衢州，大战九华，攻占集庆（今南京），西破陈友谅，东征张士诚，北取元大都，率军席卷浙江、安徽、江西、湖北、江苏、山东、河北、北京、山西、陕西、内蒙古等地，立下累累战功。

1369 年 8 月 9 日，常遇春班师回朝，行至柳河川（今河北省宣化县），因积劳成疾突然病故。《明史》列传第十三《常遇春》记载：“师还，次柳河川，暴疾卒，年仅四十。”朱元璋闻讯大为震惊，赐葬钟山之阴，并亲自出奠，追封常遇春为开平王，谥号忠武，配享太庙。

常遇春墓位于太平门外白马村。1751 年，乾隆皇帝为常遇春墓亲笔御题“勇动风云”四字。现墓茔与墓前石刻保存完好。有石柱一，石马、石羊、石虎、武将各二。石兽雕刻工艺精湛，神形兼备。武士双手抚剑，顶盔贯甲，威武雄健。碑上镌刻“明故世祖开平王遇春常公之墓”，系 1871 年重修时其后人所立。

刘基与刘军师桥：一统江山刘伯温

南京有两个以“军师”命名的地名，一个是城南的军师巷，相传蜀国军师诸葛亮出使东吴，曾在这里住过；另一个就是新街口的刘军师桥。1368 年朱元璋登基称帝，赏赐军师刘基在这里建了座刘军师府。

《南京地名大全》载：明洪武军师刘基(字伯温)府邸在这里，后府邸不在，仅存府前小桥，名刘军师桥，巷从桥名。桥下本是青溪古道的支流，因河道早已湮没，桥也随之消失。明朝灭亡后，刘军师府也逐渐沦为民间街巷。民国以来，刘军师桥是一条南北走向的小巷，南抵中山东路，北通青石街，1970 年曾名生产新村，1981 年恢复原名刘军师桥。

由于年代久远，历史上的刘军师府并未给后人留下什么痕迹，只留下了刘军师桥的地名。此巷长不过百米，宽度仅够两三个人并行，巷子里住着近百户人家。这里的房子大多建于二十世纪五十年代，挤挤挨挨的房子之间是逼仄的通道，且多是低矮的平房。这里没有下水系统，有时住户在前面洗衣服，后面的窨井就开始往外冒水，由于居住条件不佳，稍有条件的居民都想法搬了出去。2018 年，这处被戏称为“新街口地区最后的棚户区”被拆迁，刘军师桥的地名从此消失。

民间知道刘基的人，应该不如知道刘伯温的多，其实这俩就是同一个人，伯温是刘基的字。历史上有“三分天下诸葛亮，一统江山刘伯温”之说，既然能与诸葛亮相提并论，说明他确有能耐。刘基是浙江青田人，自幼博通经史，进士出身，也曾在元朝当过官。因遭排挤撂挑子走人，之后便遇到了贵人朱元璋。1360 年朱元璋率军下金华、定括苍，闻刘基名望，派人前往青田以礼相聘，并遣金华总制、刘基旧友孙炎致千言书相邀。刘基被朱元璋的诚意所感动，应招出山到了金陵，与朱元璋畅论天下大事，陈述时务“十八策”。朱元璋大喜过望，便以礼相待，称他为“老先生”“吾子房也”，还把他留在身边主持军务，事无巨细，咨询请教，成为朱元璋的智囊。针对当时的形势，他向朱元璋提出避免两线作战、各个击破之策，被朱采纳。他辅佐朱元璋集中兵力，先后消灭陈友谅、张士诚等势力，并建议朱元璋一方面脱离“小明王”韩林儿自立势力，另一方面以“大明”为国号来招揽天下义师的民心。

朱元璋即皇帝位后，大封功臣，授刘基为丞相，刘基谦辞不受，遂改授刘基为太史令兼御史中丞，担负明朝历法的编订、军法的建立、朝廷体制的整顿、金陵皇城的工程设计及裁定乐礼、刑法、历史、科举等一系列重大事务。他办事公正，不徇私情，辅佐朱元璋完成帝业，开创明朝，并尽力保持国家安定，被后人比作诸葛武侯。朱元璋钦定刘基的家乡青田县免征赋税，作为对刘基功绩的奖赏。

随着明朝政权日益巩固，这些掌权的功臣成了朱元璋最大的心病。为了避免功高盖主，妨碍朱家后人坐稳江山，朱元璋就开始迫害功臣，削去权位。1371 年，刘基因与左丞相胡惟庸交恶，被胡所陷害。刘基自知伴君如伴虎，京城不是久留之地，便提出告老还乡，获朱元璋赐归乡里。1375 年刘基在家乡忧愤而逝，终年 64 岁。后来胡惟庸结党营私，图谋不轨的罪行败露，被朱元璋以谋反罪处以极刑，满门抄斩，从此不设丞相职位。

汤和与信府河：
血雨腥风中的“不倒翁”

“信府河”不是一条河，而是一条沿南京内秦淮河的古巷名。此巷在中华门镇淮桥东侧，西南起镇淮桥，东北至武定桥，与膺福街、大油坊巷隔内秦淮河相望，因明初信国公汤和居此而得名。而河对面的膺福街上，有英国公张辅的府第，彼时街名“英府街”，清代李鸿章取“膺祥得福”之意，改街名为“膺福街”。二十世纪六十年代，在膺福街与大油坊巷交接处的内秦淮河上，还曾有一个渡口，艄公沿着河上拉起的绳索，可以将客人渡到对岸的信府河，笔者就曾乘此渡船，去对岸的同学家玩。明代《帝里人文略》载：“京城南，古桐树湾，今谓之信府河。”清《同治上江两县志》载：“信国公久居于此，故名。”传原信府河 55 号是汤府旧宅所在，因系河房式建筑，故称之为信府河。

汤和，字鼎臣，明朝开国名将，与朱元璋是安徽凤阳老乡。他不但是跟朱元璋玩在一起的发小，还是朱元璋加入郭子兴起义军的介绍人。朱元璋初到郭子兴军中，因被怀疑是奸细差点送命，幸亏汤和及时赶到，救下了朱元璋。后来因与郭子兴产生矛盾，朱元璋另立门户，汤和则追随于朱。此后随朱元璋在渡长江、占集庆、取镇江的诸战中屡破元军，累功升至统军元帅。此后镇守常州，转战江浙、福建，又随徐达率军征讨山西、甘肃、宁夏等地。在浙江沿海先后设卫所城 59 处，使倭寇不得轻入。因开国有功，朱元璋视徐达、汤和为“擎天之柱”，先后将他封为中山侯、信国公。

汤和在明军诸将中刚勇善战。其镇守常州时与张士诚接境，张士诚曾派人游说，诱以子女玉帛。汤和不为所动，巡守严密，使内奸不出，外奸不入，保障朱元璋从容西平荆楚。然而汤和性好嗜酒，一旦喝醉就得意忘形管不住嘴。他曾酒后失言说：“我居常州，如卧在屋脊，左转则在东，右转则在西。”所谓的“东”就是指浙东张士诚。部下把这席话告诉了朱元璋，朱元璋说：“这是吾腹心旧将，姑且不追究。”后来论功行赏，汤和止封于侯爵第一名，朱元璋后来又念汤和相从之久，劳苦功高，才进封其为信国公，并赐券文，特申诫此事。

洪武二十二年(1389)，汤和告老还乡，朱元璋赐第凤阳，赏白金二十锭，黄金四锭，钞五百锭。经过“胡惟庸案”“蓝玉案”等“明初四大案”，朱元璋几乎杀光了开国元勋，汤和却在一片血雨腥风中安然无恙，直到70岁寿终前一年，还被朱元璋召见。见到病重的汤和后，朱元璋“为流涕，厚赐金帛为葬费”。洪武二十八年(1395)汤和病逝，追封东瓯王，谥号“襄武”。汤和一生中奉行“高调做事，低调做人”的风格，即便在朱元璋后期生性多疑的情况下，仍能做到全身而退，成为明初开国功臣中少数能得善终之人，既得益于他对朱元璋一贯的忠诚，也在于他的知所进退与大智若愚。

汤和墓位于安徽蚌埠龙子河以东的曹山南麓，墓阶下有对称的石翁仲、石狮、石羊。1973年经抢救性考古发掘，还从墓中发掘清理出了元青花大罐等一百多件珍贵文物。2006年在纪念汤和诞辰680年时，汤和墓经再次修缮开放。墓前享殿两侧，新建了偏殿。神道两侧有六对石像生，前端有神道碑。此碑虽曾被凿字损毁，但经受了数百年风雨剥蚀，至今仍然挺立。

邓愈与邓府巷：令朱元璋痛哭失声的爱将

邓府巷在南京洪武北路东侧，南起中山东路，北通长江路，因明初六国公之一的宁河王邓愈居此而得名。六百年过去，邓府并未留下蛛丝马迹，只留下邓府巷的地名。民国时邓府巷为政府职员公寓，中华人民共和国成立后为民居，2003 年被拆迁。如今这里已被拓宽为马路，以前留存下来的老房子已不见痕迹，取而代之的是以“长江路 9 号”为标志的写字楼群。虽然邓府巷的名字没变，却已然成了寸土寸金的繁华地段。

邓府巷还有个支巷叫邓府巷后，东起邓府巷，西至田吉营，因位于邓府巷之后得名。当年邓府巷的中山东路口的东侧，是一民国公寓式的小区门头，为欧式铁艺花卉纹门框架，让人印象深刻。此外据《南京地名大全》记载，南京历史上曾有三处邓府巷，除了位于长江路的这处以外，在南京西站西北侧，即今兴安路段，也曾有一古地名“邓府巷”，得名原因不详；还有城南的“豆腐巷”也曾被人讹为“邓府巷”。

邓愈是安徽虹县人(今泗县)，本名友德。自小力大勇猛，随父从军，17 岁投奔朱元璋。那时朱元璋麾下还只有三四万兵马，邓愈一下带来一万人马，怎能不令朱元璋大喜过望，自此对邓愈很是器重，赐其名“愈”。邓愈每遇战事总是冲锋在前，所向披靡，追随朱元璋参加了所有重要战役，包括进攻安徽、江西、江苏，尤其在攻打陈友谅的洪都保卫战中，死守 85 天，虽然差点丢了性命，却使朱元璋深受感动。在明朝建立之后，又配合徐达北伐西征，打了很多胜仗。在班师途中，邓愈突患急病卒于安徽寿春，时年仅 41 岁。邓愈去世的噩耗传到南京，朝野震惊，朱元璋痛哭失声，下令辍朝三日以示哀悼。灵柩运到南京水西门时，朱元璋亲往祭奠，又亲自为他选择墓地，进行国葬，追封邓愈为宁河王，谥“武顺”，葬于南京南郊邓府山。

今邓愈墓在雨花台区邓府山北麓，除了邓愈的墓冢还在，陵墓的神道石刻亦保存良好，现有神道碑、一对石马、一对马倌、一对石虎、一对石羊、一对文臣和一对武将。这些石刻威武雄壮，庄严肃穆，为明初陵墓石刻之精品。如今在这里以邓愈墓为中心建成了邓府山公园，2003 年，邓愈墓被联合国教科文组织列入世界文化遗产名录“明清皇家陵寝及明功臣墓”的组成部分。

关于石像生的设置，古代有严格的等级制度，它代表了墓主的等级地位。皇帝陵前的石像生数量不受限制，唐高宗李治和武则天的乾陵共有石人、石兽九十六对之多。明代朱元璋给他老爹的明皇陵立的石像生是 32 对，而他自己的明孝陵却只有 18 对，这也是朱元璋尽孝的一种表现。孝陵之后的北京明十三陵里，所有帝陵的石像生也都是 18 对。

皇帝以下的官员对石象生的使用，唐朝就已经有了规定。例如三品以上官员准用石兽六只，五品以上官员准用石兽四只。明代不同于前代的风格，除设石虎、石羊外还增设了石马。《明会典》规定：公侯和一品、二品官为石望柱、石虎、石羊、石马、石人各一对，三品官减去石人一对，四品官为石望柱、石马、石虎各一对，五品官为石望柱、石马、石羊各一对，六品以下不准设置石像生。《大清律》规定：三品以上官员可用石兽六件，五品以上官员可用石兽四件，六品以下官员不准设置石刻。而邓愈的地位高于公侯，已经到了“王”的级别，石像生中既有文臣也有武将。

明初南京的两个“李府”：同姓不同命的王公

明初的开国功臣里有两个姓李的，一个叫李文忠，一个叫李善长，均为明初朱元璋所封的“六公”之一。前者住在中山门李府街，后者住在老门西上浮桥的李府巷。虽然都姓李，却同姓而不同命。

李府街在中山门南京博物院街对面，北接中山东路东段，南连后标营路。明代曹国公李文忠曾经居住在李府街的北段。李府街南段因明代吏部衙门曾在此，故称“吏部街”。后来两段合并，统称为“李府街”。李文忠是安徽凤阳人，当年李文忠的父亲娶了朱元璋的姐姐朱氏为妻，1339年生下了李文忠，后被朱元璋收为养子。他十九岁时开始统领亲军，以勇猛出色成为众军之首。在他的军旅生涯中，第一次作战就立下战功，率军击败安徽池州赵普胜军，又攻下青阳、石埭、太平、旌德四县，也曾成功平定金华之乱并攻取杭州。明洪武二年(1369)，李文忠与常遇春一同出征塞外，常遇春去世后，他接替了常遇春的军队指挥权。

明洪武三年(1370)，与徐达分道北伐，成功攻至应昌，俘获了元太子买的里八剌等及宋、元玉玺金宝和玉册，因此被授予大都督府左都督头衔，并被封为曹国公。李文忠是继徐达、常遇春之后，明朝开国功臣中的三号人物。明洪武十二年(1379)，他开始负责提督大都督府的参赞军国事，担任此职位直至晚年。据说因某次进谏触怒了朱元璋，不久后便病逝，年仅45岁。朱元璋亲自写文致祭，追封李文忠为岐阳王，谥号武靖，配享太庙，肖像挂在功臣庙，位列第三。

如今的李府街12号，是南京市重竞技学校所在地。这是一所体育领域的名校，多年来该校学生在国内国际赛场上屡创佳绩，曾经四夺世界冠军，两夺亚运会冠军，男子柔道夺得2016年里约奥运会铜牌，实现了中国男子柔道史上“零的突破”。

李府巷在升州路南，东起弓箭坊，西至彩霞街。清《同治上江两县志》城图与南洋陆师学堂《金陵省城全图》均载有此巷名。因明初左丞相、韩国公李善长的府第在此而得名。李善长是安徽定远人。1354年投奔朱元璋，成为朱元璋的高参，参与重大事务的决策，还主管军队的物资供应，很受朱元璋的信任。1368年朱元璋称帝，李善长任左丞相、中书左丞相，进爵韩国公。当时被封公者有徐达、常遇春之子常茂、李文忠、冯胜、邓愈及李善长共六人，其中李善长高居首位，可见其地位之高。洪武九年(1376)，朱元璋以临安公主下嫁李善长之子李祺，李家受宠显赫，时人极为羡慕。

洪武四年(1371)，李善长因病辞官归居，他极力推荐了小同乡胡惟庸，胡后来成为丞相。胡惟庸凭着朱元璋的宠信，欺上瞒下，结党营私，迫害忠臣，为所欲为。后来胡惟庸以谋反罪被朱元璋处死，其亲属、同党被诛杀者达三万余人，是为明初著名的“胡惟庸案”。李善长以胡惟庸同党而被追责，朱元璋将李善长连同其妻女弟侄70余人一并处死，年76岁。李善长故居也被抄毁，徒留下李府巷名。据说此地大片房产后来归李鸿章所有，此为后话。当年李善长之孙李芳、李茂因其母贵为公主，未被牵累判罪，李芳任留守中卫指挥，李茂任旗手卫镇抚，但都被取消了世袭韩国公的权利。后来南明弘光帝追补开国名臣赠谥，李善长获追谥“襄愍”，可他已经死去254年了。

蓝玉与兰园、兰家庄：乐极生悲的大明功臣

南京太平北路北段东侧，有条百米长的小街兰家庄，走到底右拐就是兰园，明代开国功臣蓝玉的府邸就在这一带。据《南京地名大全》记载，兰园在明初是凉国公蓝玉的府邸。虽然蓝玉被朱元璋所杀，但巷名留存，只是蓝讹为兰，总算留下一点踪迹。

蓝玉是明初开国功臣中死得最惨的一位，这一切并不因为他指挥打仗不力，而是居功自傲，狂悖无礼。在明朝开国元勋中，蓝玉属于后起之秀。他是常遇春的内弟，虽然常遇春经常在朱元璋面前夸他，但也许是因为他过于年轻，还需要继续磨砺，蓝玉的地位并不显赫。大明开国之初，威名赫赫的是徐达、常遇春、李文忠、冯胜兄弟、傅友德父子等。但随着徐达、常遇春、邓愈等人的病故，蓝玉大放异彩，在捕鱼儿海大破北元，基本摧毁了蒙元势力，更是让他名震天下。盛名之下，蓝玉有些找不到北。朱元璋给蓝玉的封号本来是梁国公，太子太保，位在冯胜、傅友德之下。可蓝玉心有不服，我就不能做太傅吗？更有风传，蓝玉大破北元时曾奸污了元妃，令其蒙羞自尽，有失大将风范。对此朱元璋耿耿于怀，命人将蓝玉的过失刻在世袭的铁券上，并将梁国公改为凉国公。蓝玉对这个“凉”字，虽然敢怒不敢言，但背地里却是很不服气的。

说蓝玉居功自傲、狂悖无礼并不冤枉。徐达、常遇春死后，蓝玉多次统领大军，屡立大功，朱元璋对其多有奖赏。蓝玉日渐恣意骄横，曾强占东昌民田，被御史查问，蓝玉大怒，竟将御史赶走。蓝玉北征南返，夜抵喜峰关，守关官吏没能及时开门接纳，蓝玉便纵兵毁关，破门而入。据说蓝玉侍奉皇上酒宴时，还曾口出傲语。朱元璋召见蓝玉及其部下后，留蓝

玉有私房话要说，谁知蓝玉没发话其部下竟不敢离开，直到蓝玉点头示意，这才赶紧离去，朱元璋说话竟不如他好使。

洪武二十六年(1393)，太子朱标死后第二年，蓝玉被告发谋反，说他准备于朱元璋藉田时发动叛乱。朱元璋以谋反罪将其逮捕下狱，剥皮实草，传示各地，抄家灭三族，并株连其党羽，自公侯伯以至文武官员，被杀者约 15000 人，史称“蓝玉案”。

兰园与兰家庄具有丰富的历史背景。清代时兰园东侧是演武场，这里则是专供阅武官吏检阅休息和宴会的地方，后成街巷，以园得名。如今的兰园还有不少民国建筑，有说蓝衣社(军统局的前身)曾在兰园 7 号办公；8 号旧时是德国领事馆，解放初期是南京大学的休养宿舍，南大拆分后产权归属东南大学；10 号是三座民国建筑，均为二层、大阳台、带阁楼，现归属市政府；11 号曾是民国高官高凌百的住宅，他曾是国民政府驻新加坡的外交官，为抗战筹集资金、保护侨胞等做出贡献；14 号曾是土木建筑专家刘旋天的住宅，二十世纪三十年代，他曾担任中央大学(现南京大学)工程师；22 号在 1937 年前是曾任交通部次长，也是徐志摩同窗好友何竞武的官邸，徐志摩生前的最后一夜曾在这栋小楼里留宿。1949 年后，曾经一度由新四军将领、曾任南京工学院(今东南大学)党委书记和江苏省副省长的汪海粟先生居住。

张辅与英府街（膺福街）：城南老街的不凡身世

南京城南镇淮桥南的东边沿河，有条明清古街叫膺福街，原名叫做“英府街”，因明代英国公张辅的府第在此而得名。此街北起马道街，南至中华门城堡东墙，全长300多米，是从中华路往老门东的必经之路。

张辅的父亲张玉，是明初燕王朱棣手下的得力干将。他在靖难之役中是燕军的中军主将，在1401年1月的东昌之战中为救朱棣，闯入敌军阵中力竭战死。朱棣称帝后称其为“靖难功当第一”，追封荣国公，赐谥号“忠显”。张辅是张玉的长子，早年随父参加靖难之役，张玉战死后继承了父亲的职位继续作战，战功赫赫。朱棣攻入南京，大赏靖难功臣，张辅被封为信安伯。

永乐三年(1405)，朱棣询问淇国公丘福、成国公朱能，众人对靖难功臣封赏是否有异议？丘、朱认为张辅父子功勋卓著，不能因为是外戚就不能赏赐。朱棣于是下诏进封张辅为新城侯，加岁禄至一千五百石，“杂犯死罪已免二死，子免一死”。1406年，张辅以右副将军随成国公朱能南征安南，旋即接任主帅，屡战告捷，于次年灭亡胡朝，改安南为交趾，设交趾布政司，战后因功受封英国公。此后三次以总兵官讨平安南叛乱，先后四至交趾，史称他“凡三擒伪王，威镇西南”。1422—1424年，张辅参与了明成祖朱棣的第三、四、五次北征。1449年被迫随英宗北征瓦剌，于土木堡之变中阵亡，年75岁。次年被追封为定兴郡王，谥号“忠烈”，葬于北京丰台区长辛店。

当年朱棣赐张辅在内秦淮河边建了座英国公府，与汤和的信府隔河相望。到了清同治五年(1866)，时任两江总督的李鸿章认为，张辅虽为明代四朝重臣，但其死于“土木之难”，结局不祥，遂取“膺祥德福”之意，将“英府街”谐音改为“膺福街”。随着时代的变迁，明清两朝均未给膺福街留下什么历史遗迹，昔日的英国公府更是难觅踪迹。

笔者与膺福街倒是有些因缘。因笔者就是在与膺福街相连的大井巷出生和长大的，自小就对膺福街非常熟悉。还清楚地记得二十世纪六七十年代前，膺福街是老门东这一片街区的商业中心，沿街的房屋虽然老旧，却都是一家连着一家的店铺，都是些跟日常生活息息相关的菜场、肉店、水产店、卤菜店、烧饼油条店、酱园店、豆制品店、小吃店等，还有小卖部、理发店、裁缝店、鞋店、煤基店一应俱全。

膺福街的东头有一家秦淮豆制品厂，厂子的废水直排秦淮河，对河水的污染很严重。该厂的斜对面有一家遵义机械厂，规模并不大，笔者同学的父亲曾是这个厂的厂长。记得小时候打酱油、买早点都得去膺福街，那时凭一两粮票可以买两根油条。二十世纪六十年代，难得去膺福街的鸭子店斩盐水鸭，那时笔者的个子还没店里的柜台高，店老板把斩好的鸭子放在一张洗净铺好的荷叶上，浇上鸭卤包好扎上纸绳，待拎回家打开吃的时候，盐水鸭上还留有荷叶的清香，味道格外地鲜美。多年后笔者结婚才离开这里，可以说笔者从童年到青年的时光记忆都留在了大井巷，留在了膺福街。后来老门东搞开发，旧房全部拆光，如今的膺福街和大井巷虽然还在原地，却已不是原来的模样了。

郑和与马府街：
“七下西洋”的大明使者

南京太平南路东侧有一条马府街，马府的主人不姓马，而姓郑，他就是明代“七下西洋”的郑和。郑和本姓马，名三保，人称三保太监(亦称三宝太监)。年轻时是燕王朱棣的侍从，因在“靖难之役”中救过朱棣，被赐姓郑。当年他在这里建了自己的府邸，此街便称马府街，街名一直沿用至今。由于马府建筑早已被毁，这条街也就看不出当年豪华壮观的气派。

郑和在世时，马府规模很大，现马府街以北的郑和公园(原太平公园)曾是马府的私家花园，旧称马家花园。如今在郑和公园里建有“郑和纪念馆”，专题介绍郑和生平以及他七下西洋的事迹。当年马府街曾有房72间，被毁于太平天国战火。马府遗址的一部分，在清代曾为新安会馆所在，民国时为江苏省立第一女子师范学校校址，1949年以后为马府街小学校址。据对马府遗址的调查，马府应以马府街为中心，南侧可能到白下路，北至太平巷，东到长白街，西抵太平南路。

在南京，跟郑和有关的地名或遗迹有好几处。下关有条郑和路，早年在长江边考古发现了明代专为郑和下西洋制造船只的宝船厂。据说当年郑和七下西洋，所有的大型宝船“悉数建造于宝船厂”。600年前这一带江汊纵横、芦草连天，地势开阔，直通长江。宝船厂占地1000余亩，开作塘(船坞)七条，是当时世界上规模最大的皇家造船厂。明清以来逐渐废弃，经过几个世纪的变迁，现仅存古船坞遗址三条。南京市为纪念郑和下西洋600周年，在遗址上建了宝船厂遗址公园。公园内有郑和雕塑、宝船博物馆、瞭望塔、古船坞、水罗盘等景点，尤其是那艘完全按郑和下西洋所用宝帆船仿制的木帆船，非常引人注目。

南京南郊有个花神庙村，据说郑和第三次下西洋，带回的国外花种在此种植，当地居民从此以种花为业，至今已有数百年历史。清道光年间建花神庙，供奉花神 100 尊，声名渐起后，花神庙成了这一带的地名。

郑和去世后，葬于南郊牛首山南麓，因墓形为回字形，当地百姓称它为“马回回墓”。关于郑和殁年葬地，史籍所载颇有出入，史学界意见不一。一说殁于南洋，即印度南部古里国，葬在爪哇三宝洞；一说殁于半道，葬于海上；也有认为郑和第七次下西洋于 1435 年回到南京，同年在南京逝世，葬牛首山。西人伯希和《郑和下西洋考》一书说：“郑和墓在南京”，这是根据清《同治上江两县志》之说而来。该志卷三称：“牛首山有郑墓，永乐中命下西洋，宣德初复命，卒于古里，赐葬山麓。”

牛首山麓的墓是郑和墓无疑，但究竟是衣冠冢还是真体墓，又有两种不同意见。其后裔认为是衣冠冢，根据祖辈相传，郑和死后只带回来发辫和靴子等；但当代史学家吴晗、朱偰、束世徵则认为，郑和最后一次航行结束时是 1435 年，圆满地完成了七下西洋的重任回到南京。由于国内政治风云变幻，其郁郁不得志，于同年病死于南京，葬牛首山麓，因此认为这里葬的是郑和的真体。

郑和与静海寺：
中国近代史开端的见证地

南京有好几座寺庙与郑和有关，下关的静海寺就是其中之一。静海寺在仪凤门外，北倚狮子山，东接天妃宫，西临护城河，寺名取“四海平静，天下太平”之意。明清时规模宏大，为“金陵律寺之冠”“金陵八大寺之最”。静海寺是明成祖朱棣为褒奖郑和航海的功德下令敕建的皇家寺院，供奉郑和从异域带回的罗汉画像、佛牙、玉玩等物品，以及奇花异木的活株如西府海棠等，是郑和下西洋的重要历史遗存。郑和第六次下西洋后，担任南京守备太监，一度在该寺居住。

历史上静海寺屡遭战火损毁，历代均有修葺，扩建终成今制。现有四殿、六堂、四亭，还有方丈室、楼、阁、画廊等。静海寺中曾供奉郑和在洪熙元年(1425)守备南京期间，为纪念六下西洋而铸造的一尊铜鼎，该鼎在清道光年间仍供奉于寺中。静海寺内还曾供奉郑和塑像，至清咸丰、同治年间犹存。明朝嘉靖、隆庆年间(16世纪中叶)，李时珍编纂《本草纲目》游历天下，曾在静海寺考察海外药材，如乳香、没药、血竭等。

1840年6月，英国悍然发动了鸦片战争。1842年8月10日，由英国全权公使亨利·璞鼎查和海军司令巴加率领的万余名侵略军，乘坐70余艘舰船，侵入南京下关仪凤门外的长江草鞋峡一带，隆隆的炮声划破了宁静的江面。在英国侵略者的武力威逼下，道光皇帝委任杭州将军耆英、乍浦副都统伊里布为钦差大臣，前往南京谈判。

谈判起初在英军旗舰“康华丽号”上进行，后英方提出天气炎热，船上坐的地方窄狭，诸多不便，离这里不远有一静海寺，不如到寺中议事，于是双方连续三日在寺里进行了谈判。谈判期间，英军“康华丽”

号等军舰上的数十门大炮的炮口，距离静海寺谈判会场仅600米，中英双方的交涉都是在英舰的炮口下进行的，中方官员或许每一刻都在担心，英军是否会开炮攻城，而英国人也借此抬高谈判的价码，《南京条约》也是名副其实的“城下之盟”。

1842年8月29日，在英国侵略者的逼迫下，双方于英军旗舰“康华丽”号上正式签订了中国近代史上第一个不平等条约——中英《江宁条约》，史称《南京条约》，为西方列强奴役中国打开了门户。该条约的主要内容包括：割让香港岛；赔偿英国二千一百万银元；开放广州、福州、厦门、宁波、上海五处为通商口岸；英商所纳进出口货税、饷费，中国海关无权自主；允许英商在华自由贸易等。条约签订后，耆英、伊里布竟在静海寺内杀猪宰羊，摆下酒宴犒劳英军，还为守护军舰的英军送去酒食“慰劳”。静海寺，成为中华民族遭受奇耻大辱的历史见证，也是中国近代史起点的象征。

为了牢记历史不忘国耻，1990年，江苏省和南京市将静海寺辟为《南京条约》史料陈列馆。陈列馆内容分为“硝烟北移，寇入长江”、“媾和议约，丧权辱国”和“沧桑百年，毋忘国耻”三个部分，记述了鸦片战争的历史。展室陈列既有图片、史料和照片，又有相关的实物，其中有条约签字的照片和《南京条约》全文。1996年11月，省市政府再次扩建静海寺，在现存偏殿后设主副五个展厅，不仅丰富了《南京条约》的史料陈列内容，还陈列了中国在1842—1949年被迫签订的754个不平等条约。寺内还悬挂着新铸造的警世钟，钟的正面“警世钟”三个大字赫然醒目，钟的背面镌有千古训条“前事不忘，后事之师”，两侧铭文记述了从南京条约胁迫签订，到1997年香港回归祖国这段沧桑的历史。

陈瑄与平江府：大明王朝的“劳模”官员

“平江府”在南京夫子庙东侧。二十世纪七八十年代时，是大光明电影院门前的一条街巷，因明代功臣平江侯陈瑄的私宅在此而得名，今已拓宽为平江府路。那时笔者正在上中学，同班有不少同学就住在平江府一带。那时的平江府北通建康路，南连贡院街。每到暑假，我们都要到大光明电影院去看暑期学生的专场电影。那个年代能看到的故事片不多，像《南征北战》《奇袭》《打击侵略者》《英雄儿女》之类的片子都重复看过多次，在那个文化沙漠的年代里，即便如此也是乐此不疲。

陈瑄是安徽合肥人，明代军事将领、水利专家，明清漕运制度的确立者。陈瑄比徐达这一茬的开国将领要晚一辈，在明初的名声并不大，但属于会审时度势，善于站队，又踏实肯干，劳模型的人物。建文帝时，他负责统领水师，镇守南京江防，以抵御燕军。但他却在燕军抵达浦口时，主动率水师迎降，使得燕军顺利渡过长江，杀入南京。事后被朱棣封为奉天翊卫宣力武臣、平江伯。

自永乐元年(1403)起，陈瑄担任漕运总兵官。此后的30年中，他主持开建了很多漕运工程。他曾筑天津卫城，并修百万仓；组织40万人，修江苏海门至盐城段坍毁的海堤；在淮安城西开渠二十里，由管家湖至鸭陈口入淮，筑堤为纤道，建四闸控制；又疏浚长江仪征、瓜洲二港，凿吕梁、徐州二洪石滩；修昭阳湖、南旺湖长堤，开泰州白塔河通江，为运河过江的另一水道；开高邮湖内运渠四十里并筑堤隔开湖河；自淮水北至临清增建节制闸至47座；于淮安、徐州等地置转运仓；沿运河建铺舍，设浅夫导航、维修；沿堤凿井、植树，以便夏天行旅等。

在漕运工程上，陈瑄既重视建设，也重视管理。他以淮安为中心，在疏浚南北两段京杭运河的工程中，解决了许多工程技术上的难题，为大运河南北贯通做出了重大贡献，成为著名的治理京杭大运河的水利专家，为明代漕运事业的发展和漕运管理制度的创立，做出了杰出贡献。后期他还兼管淮安地方事务。

明仁宗在位时，陈瑄上疏提出七条经国利民的建议。据《明仁宗实录》卷二记载，明仁宗采纳了陈瑄的建议，命有司迅速执行。不久又赐陈瑄铁券，并允许他的子孙世袭平江伯爵位。有朝臣对此不满，认为陈瑄只是老生常谈。仁宗驳斥道："武臣能言及此，已是非常难得，况且现在都害怕出言获罪，更应对他加以奖掖。古人尚知千金买马骨，我这么做岂不是远超古人。"

宣德八年(1433)十月，陈瑄在淮安总兵官任上病逝，终年69岁。明宣宗追封他为太保、平江侯，赐谥号"恭襄"。江淮百姓因陈瑄疏浚河道有德于民，在清河县(在今江苏淮安)为他建有祠堂。

陈理、朱高煦与汉府街：咎由自取的汉王

今天的南京总统府，是明代汉王府的一部分，但总统府门前这条路不叫汉府街而叫长江路（旧名大仓园），汉府街则在长江路的东侧。出现这种现象只能有一种解释，旧时的汉王府涵盖了现总统府的范围。

明代在汉王府里，前后居住过两位汉王，前一个是陈友谅的儿子陈理，后一个是明成祖朱棣的次子朱高煦。据民国《钟南淮北区域志》记载："汉府者，洪武初封陈友谅子理为汉王，建府西华门外，后徙高丽。永乐中封子高煦为汉王，亦居之。旋以反诛。清初改为织局。"

说到陈理，先得从他爹陈友谅说起。陈友谅是湖北沔城人（今湖北仙桃）。元末各地揭竿而起，陈友谅参加了红巾军。后来他逐步掌握了红巾军的大权，1360 年在安徽马鞍山的采石矶登基称帝，建都江州（今江西九江）。朱元璋攻下江州后，陈迁都武昌。1363 年，陈友谅与朱元璋军队大战于鄱阳湖，陈军全军覆没，陈友谅中箭身亡，其子陈理继位。1364 年陈理投降朱元璋，被封为归德侯、汉王，迁居南京。现在长江路 292 号的总统府大院，就是当年汉王府的一部分。汉王府门前的横街由此得名汉府街。洪武五年（1372），朱元璋将陈理与归义侯明升一起迁居高丽，被称为陈王，永乐六年（1408）陈理病死于高丽，活了 57 岁。

靖难之役后朱棣当了皇帝。第二年封朱高煦为汉王，辟原陈理的汉王府东半部为新汉王府。今总统府的西花园"煦园"之名，就是取自朱高煦名中的"煦"字，当年即为朱高煦汉王府的花园。朱高煦是朱棣次子，朱元璋的第十个孙子。其母文皇后徐氏，乃中山王徐达之女。当年朱棣造反夺权时，长子朱高炽留守北京，朱高煦随父起兵靖难，累立战功，后来

也就学李世民一心想当皇帝。明史说朱棣兵败东昌(今山东聊城)，大将张玉战死，幸亏朱高煦率军及时赶到，击退南军，将朱棣救出。还有一次朱棣在浦子口被南军击败，危急关头朱高煦率军赶到。朱棣大喜过望："我已精疲力竭了，我儿应奋勇再战。"朱棣一高兴，还拍着朱高煦的背勉励道："吾病矣，汝努力，世子多疾。"朱高煦心领神会，奋勇击退南军，又一次保了他爹的命。

后来他哥朱高炽即位，仅仅一年就死了。朱高煦满以为皇位是自己的了，可冒出个侄儿朱瞻基继承了大位。朱高煦心中不服，学他爹造反抢侄儿皇位，但终究还是失败被抓。这时群臣纷纷上奏，请求将朱高煦严办。宣宗不忍，还把弹劾奏章给朱高煦看。朱高煦叩首道："臣罪该万死，惟听陛下处置。"宣宗仁厚没有杀他，将朱高煦父子废为庶人，关押在北京西安门内。后来宣宗去探视朱高煦，却被他故意绊倒。宣宗大怒，命人用三百斤重的铜缸将他扣住。朱高煦勇武有力，竟将大缸顶起。宣宗又命人在铜缸周围点燃木炭，把朱高煦活活炙死在铜缸内，他的几个儿子也全都被杀。朱高煦虽然功劳很大，但他的野心更大，落得如此下场，也是他自不量力、咎由自取的结果。

清军入关后，明汉王府旧址先后被辟为江宁织造署、江南总督署、两江总督署。清康熙、乾隆下江南时，均以此为行宫。太平天国时为天王府，民国时为国民政府总统府。

朱厚照与钓鱼巷：
道不尽的古今风流事

钓鱼巷在南京建康路东段南侧，东起秦淮河，西至西钓鱼巷。明代这里是徐达东花园的一部分，与今天的白鹭洲公园连成一片。

当年明武宗朱厚照南巡时，喜欢来东园游玩。有一次朱厚照在此看花船、观灯之时，随身携带的玉壶掉落水中，因此这里被取名玉壶坊。后来明武宗又来此钓鱼，于是更名为钓鱼巷。其后，清代的乾隆皇帝也曾到此钓过鱼。其实根据史料记载，武宗垂钓处在徐霖的快园，即今老门东的油坊巷、小西湖一带，“浴龙池”遗址至今尚存，即为明证。真正的钓鱼巷在徐达的东花园，也有可能是因乾隆在此钓鱼而改名钓鱼巷的。

清朝时东园日渐冷落。清代陈文述的《秣陵集》卷六有一首诗，道出了它的兴衰：“太傅勋劳重，名园夹岸开(指徐达的东、西两花园，东园又名太傅园；西园又名凤台园，因凤凰台而得名)。诗人题凤去，帝子钓鱼来。祠墓残碑在，河山故国哀。斜阳话金粉，白石黯秋苔。”

因为紧靠夫子庙，后来钓鱼巷一带成了妓寮聚集之所，故钓鱼巷又称为“手帕巷”。作家汪曾祺曾写过一篇《钓鱼巷》，文中也说：“南京妓院大都集中在几条巷子里，钓鱼巷是最有名的。”相传这里曾住过一个姓顾的本分人家，因经常有逛妓院的敲错门而愤怒异常，他对封建文人不好好读书求取功名，却到处寻花问柳十分不满，故在自家门上写了“得过且过日子，半通不通秀才”的门联，嘲笑那些不求上进、轻狂淫逸的儒士们。

钓鱼巷曾留下两位皇帝垂钓的逸事，但最有趣的还是曾国荃的“垂钓”。1884 年曾国荃被任命为两江总督，据说任职期间做了很多贪赃枉法的事情。为了接受贿赂，曾国荃就把手下人派到钓鱼巷的妓院，与找他办事的人进行权钱交易。人们把两江总督西辕门横匾上的“三省钧衡”拆读为“三省钓鱼行”。把“钧”字拿掉一划读成“钓”字，把“衡”拆成“鱼行”，讽刺曾国荃行贿受贿的行为。清末诗人、曾署理两江总督的樊曾祥写有打油诗云：“秦淮画舫暖围春，时有鱼郎来追萍。闲壑河房粗误字，钧衡谁是钓鱼人?”

传说钓鱼巷还有个故事，也不知真假。说是 1905 年，袁世凯的儿子袁克文来南京办事。这个花花公子在逛钓鱼巷时，遇到了出生在这里的叶丽侪，两人一见钟情，约定两个月后娶叶丽侪进门。袁克文回天津见到袁世凯时漏了馅，照片掉地上被他爹发现，袁克文慌了神，因父亲有家规：没有父母之命，媒妁之言，子女本人不能私定婚姻大事，否则为不孝。于是他赶忙扯谎说，自己替老爷子在南京物色了一个漂亮姑娘，没想到竟被袁世凯笑纳了。两个月后叶丽侪阴差阳错嫁给了袁世凯当姨太，当时她只有 14 岁，而袁世凯已经 47 岁。

袁世凯死后，叶丽侪拿钱办了一些企业，但因时局动荡基本都没收益。再后来她花完所有的钱，卖了天津的房产移居北京。1955 年前后，叶丽侪带着儿女移民宁夏的一座农场。1959 年元旦，穷困潦倒的她去世，死时连棺材都买不起，人们用一张苇席卷送走了叶丽侪。

叶丽侪去世时间不长，农场收到了两封关于她的信函，都与财产有关。一封是说大约在袁世凯死后不久，叶丽侪在银行存了六千银元存款，她女儿袁奇祯要求继承，银行认为不合适，希望农场配合寻找叶丽侪本人。另一封是说，南京某条街上有半条街的房屋，经查证主人是叶丽侪，希望农场能通知叶丽侪接收，可惜此时叶丽侪已无福享受了。

徐霖与小西湖：老门东的一代名园

小西湖在南京城南老门东。二十世纪六七十年代，笔者的幼儿园和小学(小西湖幼儿园、小西湖小学)都是在这里就读的。学校的南门正对着堆草巷，出南门往东就是小西湖。这里所说的小西湖，是今人对这一带居民区的统称，真正意义上的小西湖早已湮没。笔者上幼儿园和小学那会儿，学校东面有一块足球场大小的菜地，菜地的北边是朱雀里、小西湖、西湖里等民居小巷，南边通往马道街，东边则是箍桶巷。菜地靠北的位置尚存一方水塘，是历史上小西湖遗留的水面。

同班同学里，有不少就住在小西湖一带，有位李同学的家就住在菜地的北侧。据他回忆，他家住的这一块属于朱雀里，民国时是海军军官的宿舍。南边这块菜地名叫许家菜地，菜地里的水塘并不大，面积大约百十平米，无论春夏秋冬从不干涸，主要用来给菜地浇水。根据老地图上标示的位置，当时菜地所在的地块，就是明清时小西湖的湖面所在，只不过后来随着湖面不断缩小，最终只剩下了这口小水塘。二十世纪七八十年代在菜地里建房子，水塘也被填了，历史上的小西湖彻底从地面上消失。

早在明代，这里是戏曲作家徐霖的私家园林快园所在地。此园建于明弘治十三年(1500)，由徐霖亲自设计，园内有山有水，风景有致，亭台楼阁榭轩样样俱全，足不出户就能享受山水之乐。加上明武宗曾数幸其园，以致快园名闻天下。《南京地名录》云：(快园)南起马道街，北端向东折至箍桶巷，古时有塘，环境优美如杭州西湖，得名“小西湖”。清末陈作霖的《东城志略》中也有“(快园)清虽废为邱墟，而春水鸭栏，夹以桃柳，乡土人犹呼小西湖焉”。徐霖死后，其好友顾璘在为他写的墓志铭中也说：“(快园)广数十亩。其中台池馆阁之盛，委曲有幽况，卉木四时不绝。”

徐霖1462年出生于江苏华亭(今上海松江)，14岁中秀才，一生著有戏曲《三元记》《柳仙记》《枕中记》《两团圆》《绣襦记》等，还著有《远游记》《晚游录》《古杭清游稿》《丽藻堂文集》《快园诗文集》《续画史会要》等，被誉为“曲坛祭酒”（祭酒是古代官职，也有行业翘楚的含义）。他的戏曲“语语入律，娼家皆崇奉之”，明武宗朱厚照极喜爱其词曲、书画，两人相交甚厚。据说明武宗(1506—1521)两次南巡皆入住快园。有一次朱厚照在小西湖里钓得一条金色鲤鱼，一时兴奋竟失足跌进了湖里，幸被及时救起，小西湖便被人们称作“浴龙池”，快园中的丽藻堂也因皇帝来过而改名“宸幸堂”。1538年徐霖去世，其后快园数易其主，清末又屡遭兵事，园林渐废，沦为民居和菜地。

笔者查阅了1903年《陆师学堂新测金陵省城全图》，那时的小西湖还在，明确标注于马道街以北、小油坊巷以南、箍桶巷以西，大致就在笔者所见的菜地以及那口水塘的位置。到了1936年，地图上的小西湖已被标注为“鸭子塘”，说明这里已经变成了民间养鸭子的地方。到了二十世纪七八十年代，鸭子塘被填平，与周边的菜地一道变成了居民区，空留一个“小西湖”的街巷名。

2024年在小西湖片区的城市改造中，再次复建了小西湖。虽然湖面不大，但象征意义大于实际意义，至少让小西湖不再空有其名了。按照笔者的记忆，现有湖面的位置应再往南一些，因为当年的那口水塘，在小西湖小学南门正东的方位，现在的位置稍许偏北了一些。不过也不重要，明代小西湖的面积比现在大，没准现在建成的水面，就在当年小西湖湖区的范围内。

莫愁女与莫愁湖：一段悲惨的爱情故事

南京城西有个莫愁湖，是南京主城区内仅次于玄武湖的第二大湖泊，是长江古河道的遗留部分。东吴时，长江南岸还在水西门、石头城(今清凉山)与卢龙山(今狮子山)一线，莫愁湖原是长江的河道所在。唐宋以来，秦淮河入江口泥沙逐渐淤积，长江主流道也逐渐向西北迁移，在原长江与秦淮河交汇处的低洼地，留下了许多池塘和湖泊，南湖、莫愁湖就是在这个时期形成的。

今天的莫愁湖位于水西门大街北侧，有“金陵第一名胜”的美誉。六朝时期，长江南岸线北移，莫愁湖形成。南唐时期时称横塘，因其依傍石头城，亦称石城湖。明朝初年，莫愁湖沿湖畔筑楼台十余座。传说当年朱元璋与徐达经常在这里下围棋，朱元璋把莫愁湖与胜棋楼赏给了徐达。明朝中叶，莫愁湖为徐达后裔、魏国公徐氏的别业，成为金陵名园之一。清朝乾隆五十八年(1793)，对莫愁湖进行了大规模整治，沿湖修筑“郁金堂”等楼台十余座。清咸丰年间，建筑及花树毁于战火。清同治十年(1871)重建莫愁湖，湖景渐复旧观。1929年莫愁湖被辟为公园至今。

莫愁湖的名称与莫愁女有关。她是古乐府中所传的一位女子，关于莫愁女的故事，现流传于世的有好几个版本。一说是郢州石城(今湖北钟祥)人，是战国楚宫歌姬，至今钟祥还有个莫愁湖(又称沧浪湖、北湖)、莫愁村；一说为洛阳人，十五岁嫁为卢家妇，典出南朝梁武帝萧衍的《河中之水歌》：“河中之水向东流，洛阳女儿名莫愁……”；而金陵莫愁女到宋代才有文字记载，似乎是将湖北的“石城”与金陵的“石头城”混淆了。关于金陵莫愁女的故事，坊间也流传有若干版本，其中一个版本说她原是官家之女，明代永乐年间，因父亲遭奸臣陷害满门抄斩，她被官府卖到了中山王府做烧火丫鬟。公子徐澄见她聪明温顺，能书善画，把她留在身边伴读。由于姑娘郁郁寡欢，双眸含愁，便为她取名莫愁。

徐澄对莫愁的身世深感同情，不禁心生爱意，决心与莫愁结成百年之好，不料被祖母严词拒绝。为此，莫愁遭徐家人百般凌辱，徐公子气急中重病缠身。见公子病情不见好转，徐家人心生歹意，竟威逼太医在药方中添上一副药引——心上人的眼睛，并当众把药方交给莫愁。莫愁被逼无奈，情愿为心上人献出自己的一切。她忍痛操刀剜眼，霎时间，天地为之呜咽。莫愁女摸出徐府，含恨投湖，公子徐澄闻讯亦随之而去。二人坚贞凄婉的爱情故事从此流传人间，莫愁所投之湖，被人们称为莫愁湖。

关于莫愁女尚有其他版本，本文不再一一列举。至于莫愁女历史上是否真有其人也很难说，不过也不重要，权当是个故事听听罢了，只要地名是客观存在即可。

尹凤与三元巷：南京唯一的武状元

尹凤是南京历史上唯一的一名武状元，他在明代嘉靖二十六年(1547)丁未科武举会试中一举夺魁。据《钟南淮北区域志》记载："明代，尹凤中武试三元，故以名巷。"今天的三元巷在中山南路北段西侧，东起中山南路，西至明瓦廊，相传此处原是尹凤旧居所在，小巷因此得名。

古代称在乡试、会试、殿试中，连夺解元、会元、状元的人为"连中三元"。明朝嘉靖二十五年(1546)，23岁的尹凤夺得丙午科武举乡试第一名，第二年又成为丁未科武举会试第一人，因为当时还没有武举殿试，所以会试第一名即被赐为武状元。因此从严格意义上尹凤只能算连中两元，但人们习惯上仍称连中三元，并无连中两元之说。

尹凤生于1523年，是明代著名的抗倭领袖。夺得武状元后，尹凤被派往浙江、福建，承担打击倭寇、保卫海防的重任。当时倭寇在东南沿海活动频繁，严重滋扰沿海百姓的生产生活。万历年间，他奉命镇守福建以防倭寇进犯，因为战况紧急，竟有一个多月没把铠甲脱下来。他曾率领舰队讨伐海寇许朝恩，毙敌160人，夺回被掳去的240多名百姓，受到朝廷嘉奖。据《明史·列传》记载："(尹凤)徙佥浙江都司，进福建参将。倭陷福清、南安，连宗出海，凤邀击，沉其七舟。追至外洋，连战浒屿、东洛、七礁，擒斩二百人。击倭梅花洋，走之，追至横山，擒斩二百六十。大小凡数十战，内地赖以稍宁。"每战他都身先士卒，冒着纷飞的箭矢冲锋向前。曾经有一次，军中粮食用尽，他便带领部下登上小岛，靠采集稗草度日，直到三天后粮饷运到，受到朝廷的奖赏与百姓的爱戴。

尹凤告老还乡回南京后，于1599年76岁时去世。去世前他把自己的馆舍捐出，明神宗万历皇帝听闻噩耗十分惋惜，特赐祭葬。南京人为纪念尹状元，将他生前居住的街巷改名为“三元巷”。据说尹凤的儿子在明万历五年(1577)又考中进士，实乃虎父无犬子，文武皆学霸。旧时不少娶亲的花轿就算绕路，也要特意经过三元巷，就为讨个吉利。

民国时三元巷还曾是“五省联军总司令”孙传芳的居住地。1927 年北伐军占领南京，三元巷曾是国民革命军总司令部所在地，当时新婚燕尔的蒋介石和宋美龄就住在司令部里。之后为建设中山大道，总司令部搬迁别处，在三元巷东口开辟出一条南北向的马路，北抵新街口广场，南接白下路与建邺路，被命名为中正路，今为中山南路的北段。

汤显祖与南京：梦开始的地方

汤显祖(1550—1616)，江西临川人，明代著名的戏曲家、文学家。1575年汤显祖来南京国子监游学，1583年考中进士，次年起先后担任南京太常寺博士(正七品)、南京詹事府主簿、礼部祠祭司主事(正六品)等闲职。汤显祖在南京为官七年，对南京有着很深的情感，曾有好友介绍他去北京吏部做官，他舍不得离开南京，把一生中最宝贵的青壮年时期留在了这里。1591年，他在南京上书《论辅臣科臣疏》，猛烈抨击朝政和权臣，因直言进谏被贬广东徐闻县典史、浙江遂昌县知县。辞官后未再出仕，潜心创作。南京是汤显祖除家乡外连续居住时间最长的地方，也可以说南京是汤显祖的“第二故乡”。

南京是汤显祖仕途生涯走向终结之始，也是他的戏曲创作“临川四梦”的起航之地。他的“临川四梦”(即《紫钗记》《牡丹亭》《邯郸记》《南柯记》)中的第一梦《紫钗记》，便于1587年前后创作于南京，其中关于南京的风土人情、人名地名、历史故事随处可见。《牡丹亭》是汤显祖最负盛名的代表作，虽然不是在南京写就，但《牡丹亭》的雏形也是在南京因一梦而孕育的，连汤显祖自己也说：“一生四梦，得意处惟在《牡丹》。”事实上，“临川四梦”起初是为其家乡的“宜黄腔”而作，但“宜黄腔”后来失传。明末清初的剧作家们将“临川四梦”改编成全国性的剧种——昆曲，为汤显祖的杰作特别是《牡丹亭》提供了绝佳的舞台，上演后一炮而红，一跃登上了当时南方戏曲界榜首。1945年抗战胜利，梅兰芳重返剧坛，开幕戏就是他与俞振飞的《牡丹亭·游园惊梦》，一时间轰动沪上。据统计，梅兰芳一生演出的昆曲有四十七折，《牡丹亭·游园惊梦》是其中演出频率最高的，《牡丹亭》借助于昆曲，走向了全国和世界。

在南京当官七年多，汤显祖遍游金陵名胜，写下了数百首诗文。比如描写秦淮河的《遥和诸郎夜过桃叶渡》：“衙斋独宿清汉斜，灯影笼窗半落花。拚不风流长睡去，却持残梦到他家。”描写牛首山的《听乳林呗赞》：“绛桃春尽摄山幽，地涌千峰月气浮。忽散梵声惊睡起，绕天风雨塔西头。”写城南大报恩寺的《登报恩塔归骑望塔灯》：“表里山川尽，胜寄烟云惬。江光日气饮，世界空明摄。回听风穴壮，侧看飞鸟怯。下方灯欲上，归人影相摄。”他还为新林浦(今西善桥附近)赋诗：“凌阳浦里杂花生，晓屋鸣鸠春树晴。昨夜南溪足新雨，辘轳原上踏歌声。”(《新林浦》)有一年，汤显祖游南京幽栖寺(位于南郊祖堂山南麓)，写下了《上巳后二日游幽栖寺》诗：“百日斋初过，三春绿已齐。披衣眠佛窟，残屐到幽栖。”万历十四年(1586)冬，汤显祖畅游南京天妃宫后，作了一首七律古诗《天妃宫玉皇阁夕眺》：“宝盖珠幢青珮裙，拂云来谒斗中君。还缘梯路俯东轩，睥睨飞翻仪凤门。表里都城如玉切，高低道院似云屯。此中气接江流白，江上山连浦口清。夕晖山色霭松门，仙家日气谒黄昏。”

在汤显祖眼中，携酒游山以“城南雨花台最盛”：“冉冉春云阴，郁郁晴光莹。取次踏青行，发越怀春兴。拚知天女后，如逢雨花剩。宜笑入香台，含颦出幽径。徒倚极烟霄，徘徊整花胜。随态惊蝶起，思逐流莺凝。美目乍延盼，弱腰安可凭。朝日望犹鲜，春风语难定。拎翠岂无期，芳华殊有赠。持向慧香前，为许心期证。如何违玉缨，沈情击金磬?”(《雨花台所见》)汤显祖的金陵怀古诗也别有一番滋味：“金陵花开散江空，可怜六代多离宫。潮去潮来都应月，花开花落等随风。”(《金陵歌送张幼于兼问伯起》)难怪徐朔方先生在《汤显祖评传》中写道：“没有什么地方比南京更使汤显祖喜爱了。”

焦竑与焦状元巷：
文德桥“成就”的状元

焦竑是南京人，明代思想家、藏书家、考据学家。焦竑考中状元是在明万历十七年(1589)，而比同为南京老乡的朱之蕃考中状元早了六年(1595年，万历二十三)。短短六年出了两个状元，对于南京上至官员下至老百姓都是件很风光的事情。喜讯传来，其家乡金陵上元县、祖籍山东日照县都要给焦竑立牌坊，此时正值江南与山东地区都在闹灾荒，灾民流离失所。焦竑得到消息后，即刻带信给两地县令加以劝阻，并建议将建造牌坊之款转作救灾之费，救济当地灾民，可见焦状元不仅书读得好，人品也是高风亮节。

焦竑故居旧影

关于焦竑中状元还有个小插曲。明朝万历年间有位周姓的少卿认为，自嘉靖以来，南京很多年没出状元了，主要原因是夫子庙泮池内的秦淮河水西流不息，蓄不住“文气”。于是在泮池西侧的秦淮河上开建了文德桥，桥名取“文章道德”之意。无巧不巧，此桥建成的第二年，南京人焦竑就中了状元，六年后朱之蕃又中状元。于是文德桥成了吉祥物，每到科举考试前，江南贡院的考生们都要到桥上来走一走，祈求自己能有焦竑和朱之蕃那样的好运。

焦竑出身于官宦之家，但科举之路却并不顺利。他一次乡试落第，三次会试落第，第四次赴京终夺魁首。据传焦竑在往江南贡院赶考途中，见一人家倒水丢下一只精美手镯，遂停步苦候主人来寻，竟误了考试时间。没想到当场考试发生火灾，主考官决定重新点名考试，焦竑幸运得以参与，后来高中状元而归。邻里夸其好心终得好报，但此时他已是年过五旬的老人。

焦竑中了状元，按老规矩，他居住的街巷就得命名为焦状元巷。这条巷子在南京珠江路同仁街南侧，东头与鱼市街、北门桥相接，据说当年的同仁街 1 号，就是焦竑的居住地。数十年前的南京同仁街旁，还立有一栋两层的青砖乌瓦小楼，梁枋上还残留有彩绘痕迹，这就是著名的焦状元“澹园藏书楼”。可惜 1994 年建同仁国际大厦(今金鹰天地)，却使这栋小楼轰然倒下。在 1982 年文物普查中，发现原同仁街十九号后门与焦状元巷相交处有一座小楼，疑为当年的焦状元读书楼。经南京大学历史系蒋赞初教授等专家考证，这座古建筑确是明代状元焦竑的故居遗迹，又称焦状元楼。

焦竑入仕后任翰林院编修，不久引荐领修国史，兼任皇太子朱常洛的讲读官。一次焦竑讲课时，课堂外突然百鸟齐鸣，非常热闹，朱常洛忍不住抬头观望，焦竑立刻停止讲课，肃立不语，以示警告，朱常洛吓得连忙集中注意力，专心听讲。万历二十五年(1597)，焦竑受命担任顺天府(今北京、河北部分区域)乡试考官，从落选者考卷中抽查，审读到后来成为一代英才的徐光启考文《舜之居深山之中》，焦竑慧眼独到，拍案慨叹：“此名世大儒无疑也”，破格将已经名落孙山的徐光启“拔置第一”。焦竑违反常规，从落选试卷中选出徐光启的做法，给自己带来了麻烦，有人诬告他受贿，他被贬为福宁州同知。任职不足两年便愤然辞官回乡讲学著述，从此不再出任。

回到南京后，焦竑在北门桥豆巷(俗称焦状元巷，今名同仁街)定居，潜心研究学问，一生博览群书，著述甚丰，著有《澹园集》《焦氏类林》《焦氏笔乘》等书。焦竑也是晚明最大的藏书家之一，清初藏书家钱曾《读书敏求记》卷二记述：“近代藏书家，推章丘李氏(开先)、金陵焦氏(竑)。”在藏书界享有“南焦北李”之誉。

朱之蕃与朱状元巷：“金陵四十景”的首倡者

朱状元巷在南京水西门附近，西起莫愁路，东至仓巷。明朝万历四十七年(1619)，朱之蕃在此建府第，故得巷名。清《同治上江两县志》载：“朱状元巷，因朱侍郎之蕃居此得名。”朱之蕃故居位于今朱状元巷32、34号，据史书记载，朱之蕃故居占地甚广，东至仓巷，北至丁家巷，西至古巷。巷前有砖石雕刻牌坊，府内有花园，楼台亭阁，小桥流水，前后十进，有主厅、侧厅、暖房、花厅、书房、花园等，仅跑马楼就有七进。其中的厅堂高敞，用材粗壮，雕刻细致。特别是34号大厅梁上刻有戏曲人物图案，刀工精细，人物生动，为现存南京地区古建中少见。其故居现存两座大厅及其他用房，均为清代重修。34号大厅通面阔3间11.4米，进深7.6米，带轩，梁上雕有图案。现莫愁路小学尚存有石牌匾“华园”，笔力苍劲，流动秀美。如今朱状元府被部分保留下来，现为南京市级文物保护单位。

朱之蕃(1558—1624)，原籍山东，后附籍南京。自小博学多才，以书画闻名于世，擅于画山水竹石。明代万历二十三年(1595)考中状元，初授翰林院编修，后来又历任吏部侍郎、南京礼部右侍郎。万历年间出使朝鲜，朝鲜名人雅士们为试其才学，想尽办法设疑辩难，朱之蕃赋诗赠答，应对如流。朝野上下对朱之蕃钦佩之至，纷纷以厚礼馈赠，但朱状元一概谢绝。朝鲜官员又纷纷用人参、貂皮求购朱之蕃的画作，朱之蕃同意了，他把这些人参、貂皮换成了钱，收购了很多流落在朝鲜的中国古代名家字画和文物带回国内。

朱之蕃在母亲去世后回家守孝，不再为官，居住在莫愁路朱状元巷。

此后专注写书作画，少闻朝政。他生前编纂了《金陵图咏》，归纳出了“金陵四十景”，并衍生出后来的“金陵四十八景”。他的诗词书画多收录于《四库全书总目提要》《帝里明代人物略》等书籍中。朱之蕃的诗清逸潇洒，反映出作者闲适恬淡的心境：“十亩横塘列芰荷，虚亭开向绮霞窝。娇花浥露红妆拥，密叶翻风翠袖多。越女翩翩偕巧笑，湘娥冉冉共凌波。不劳玉井峰头觅，坐对倾杯发浩歌。”（《池莲·其二》）平时他将书画所得尽分邻里，诗酒唱和，悠然终老。朱之蕃卒于1624年，临终前他对儿子说：“人生聚则成形，散则成气，一来一去而已”，谈笑而逝，葬于今江宁区谷里镇周村。

朱状元巷还出过其他名人，作家张爱玲的生母黄逸梵就是在朱状元巷14号出生的。此宅在明代本是朱状元府的一部分，黄逸梵的祖父黄翼升是清末长江七省水师提督，朱状元巷14号被称为“黄军门提督府”。1896年，14号里诞生一对龙凤胎，女孩就是黄逸梵，男孩就是张爱玲的舅舅黄定柱。后来黄逸梵家搬离南京住到了天津、上海，1920年于上海生下张爱玲。1957年，61岁的黄逸梵在伦敦去世。

朱状元巷14号房产之后也几易其手。到了民国初年，张佩纶购下这所宅子时，还有房子近两百间，大花园依然保存良好。1909年，安徽督军柏文蔚在此办起了金陵崇实学校，占用了前面几十间，后面几十间住着柏文蔚的家眷。1916年，张李惠创办私立南京中学，校址也在朱状元巷。抗战期间，南京城南毁坏严重，张家祖宅也未能幸免，完全成了瓦砾之场，废池颓垣。

程国祥与程阁老巷：正直寒酸的程阁老

程阁老巷位于新街口东南，东起洪武路，西至中山南路，《明代南京城图》以及清代的《同治上江两县志》均载有此巷名。由此巷向北穿过金銮巷，可以直达中央商场。

程国祥是南京人，年幼时家境十分贫寒。他父亲死后，竟然没钱办丧事，最后在李姓邻居的帮助下，才把丧事办完。为了感谢李家，他将家中唯一的一只鹅作了谢礼。程国祥发迹以后，人们就将李家住的巷子叫作“一鹅李家巷”。如今“一鹅李家巷”称为“李家巷”，位于程阁老巷和羊皮巷之间。父亲死后，程国祥 10 多岁时就做牛角牛骨簪子卖钱养母。此后他刻苦学习，满腹经纶，1604 年考中进士，崇祯时官至户部尚书兼东阁大学士。

明朝末年，各地农民起义风起云涌，军费开支激增，国库几近掏空，为了筹措军费，崇祯皇帝伤透了脑筋。有人建议向地方上摊派或加税，程国祥却极力反对。后来他给崇祯出了个主意，用“暂借都城赁舍一季租”的办法，筹集到所需的军费，虽然解了一时之急，可买单的实际上都是京师的官僚士大夫。因为动了官员们的奶酪，这些人就处处刁难和诬陷他。可崇祯皇帝认为程国祥能体恤民心，办事得体，还是提拔他担任了东阁大学士，故人称其为“阁老”。程阁老为人正直，其政见常与宠臣温体仁不合，崇祯皇帝又总是偏袒温体仁。程阁老看到皇帝糊涂，奸臣误国，自知无回天之力，一气之下就辞官归家养老。程阁老辞官返乡后不久，李自成打进北京城，崇祯皇帝在故宫北面的煤山上一命呜呼。

程国祥是个清官，虽贵为阁老，仍然“布衣蔬食，不改儒素”。在他告老还乡时两袖清风，深为时人所敬重。程国祥家中虽人口不多，可两间小屋根本住不下，还是亲友们凑钱，买下内桥西武学隔壁，珠宝廊对面的一所宅子送给他。程国祥平日几乎不结交朋友，只有一个向年同窗读书的老友，常到家中闲谈。他俩对坐在花厅西南角一处，花三文钱沽四两烧酒对酌，晚间无油点灯，黑影里看不见倒酒满浅，便于酒杯中放指头大一块烧炭，斟酒至炭浮起，便知满上。间或取出几个馒头相待，上面的白毛有寸长，馊不可闻，老友难以下咽，而程国祥吃得极香，至于鱼肉之类，是整月不得一见。据明史记载："国祥殁后，家贫，不能举火。上营葬毕，感疾卒，无嗣。"原来程阁老去世后，家境贫困到几乎无力烧饭。他的儿子程上把程阁老殡葬后，也因病去世，而程上没有后代。

程国祥故居原址在程阁老巷 14 号，现已是座临街的楼房，以笔者所见，其一楼和二楼是妙觉庵，庙门左边的墙上挂着"程阁老巷 14 临"的门牌。庙门左右两侧有两座石狮，一道铁栅门半掩着，里面是红色木门，门内昏暗的灯光下是间简朴的厅堂，供奉着几尊菩萨。虽然故居已经不在，但一代阁老留下的故事仍在流传。

与程阁老巷类似的还有一条尚书巷。此巷南起大光路，北至八宝东街，明代叫崇礼街，因明代吏部尚书倪岳居此而得名。他为人正派，做了一些利国利民的好事，受到人们的尊敬。

沈九思与沈举人巷：传道授业的贤师

在南京新街口闹市区，有一条静谧的小巷藏身其间，它就是与汉中路平行的沈举人巷。沈举人巷长约200米，东起管家桥，西接大锏银巷，在繁华的新街口商圈里，是典型的闹中取静之处。在巷口立着一尊雕塑，只见一位长者端坐在雕花大椅上，身着长衫，神色祥和，左手倚在扶手上，右手握着一册书卷，身边还放着一匣书籍。他就是沈举人，明代嘉靖年间的举人沈九思。

南京的状元巷有好几条，但是举人巷就这一条，可见在百姓心目中，这位沈举人的地位一点也不比状元差。清代《同治上江两县志》载："沈举人巷，明举人沈九思居此，九思有学行，生徒敬之，名其里曰'沈举人巷'，见《金陵诗汇》。"当年沈九思曾在此办私塾并居家讲学。他传道授业，桃李满园，深受学生的敬重，也为四方邻里所称道，最终成就了自己的美名。为纪念沈九思，人们把他居住的巷子叫作沈举人巷。

沈九思不仅教书育人，还是个品德高尚之人。他孝顺父母，保持清廉，尽力帮助需要帮助的人。据《江南通志》记载，其父亲病重时，他向天祈祷能把病痛转移到自己身上；母亲病重时，他因为悲伤过度瘦成了骨头架子。当时乡里一个大户人家被宦官胁迫，拿着大把钞票向沈九思求助。沈九思不仅退还了银两，还悄悄地为他做了工作。

沈举人巷内最有名的就是张治中故居了。张治中被人们亲切地称为"和平将军"，他是中国国民革命军陆军二级上将，在沈举人巷拥有多处房产，很多已被拆迁。刚刚翻修一新的沈举人巷26号、28号，由民国著名建筑大师童寯设计，并非张治中本人居住，正经的张公馆在南京广播电视大学里，早已被拆迁，原址盖上了现代化的教学楼。

随着 2010 年沈举人巷的出新改造，如今的沈举人巷两侧分布着居民楼和商铺，充满着现代气息。据资料记载，解放前，沈举人巷有大小七八个尼姑庵，华晨大厦原来是八一针织厂，该厂的前身是一个尼姑庵，沈举人巷 16 号原社区居委会也是尼姑庵。二十世纪初期，英国人在沈举人巷旁的大铜银巷筹设了现在的金陵协和神学院。1937 年 12 月日本侵占南京之前，由外籍人士组成了南京安全区国际委员会，并划定“安全区”，收容难民，沈举人巷一带位于其间。日军南京大屠杀时，许多南京市民在此幸免于难。“文革”期间，这里曾经叫沈举巷，1981 年改回了沈举人巷。

利玛窦与崇礼街（大光路）：三顾南京的传教士

明清时期西方在中国的传教史，绕不开利玛窦这个意大利天主教传教士，他被誉为明朝“沟通中西文化第一人”。他在中国度过了28年光阴，期间曾三到南京。

1595年5月，利玛窦第一次来南京，巧遇曾在广东任兵备道的老熟人徐大任，时任南京工部侍郎。然而徐大任见到利玛窦很诧异，特别担心神父的到访会给自己带来麻烦，劝其赶快离开南京。当利玛窦离开后，他又把旅馆的老板找来训斥了一顿，给他戴上“勾结外国人”的罪名，命其绝对不能收留利玛窦。无奈之下，利玛窦不得不离开南京。

1598年6月，利玛窦第二次来到南京。当时中日在朝鲜的战争仍处于胶着状态，南京的气氛仍然十分紧张，人们不敢公开接待利玛窦等外国人。利玛窦只能晚上住在他的小船里，白天乘着遮盖严密的轿子拜访朋友，结果他只在南京逗留了10天便回北京。

1599年，利玛窦第三次来到南京，起初住宿在三山街承恩寺。利玛窦此次来南京，意图还是在南京设立传教点。为此，他反复向官府申明“永不回国，做臣服之民”，请求“允许修建一栋小屋作为住所以及一所敬神的小教堂，他们想在那里度过余生”（《利玛窦中国札记》）。正好此时，南京工部主事刘斗墟用工部资金修建的一座官宅完工，这座官宅在工部附近的“正阳门西营崇礼街（今大光路）”。这座官宅完工后经常闹鬼，始终没有人敢住进去。利玛窦根据工部员外郎刘冠南提供的信息，觉得此处比他看过的其他宅子都要适合作住所兼传教点：“它坐落在城里最高的地段，不怕河水浸淹，并且位于南京的大街上，此外街道约有一投石的宽

度。从瞭望楼四周，可以看到皇宫和各部衙门。大厅和起居室可供大约十名传教士居住。”（《利玛窦中国札记》）

利玛窦等到另两位传教士意大利人郭居静、葡萄牙人罗儒望到达南京后，当即商量买下这所宅子。双方于当年五月正式签订买卖协议，以极低的价格买下了这处宅院。三人随后将其改造成一座小教堂，这是南京历史上的第一座天主教堂。之后在这里接受洗礼的不乏当代名人，徐光启就是其中的一位。1603 年，徐光启在崇礼街小礼堂受洗，次年考中进士，后官至礼部尚书、文渊阁大学士。

然而在南京的收获再多，利玛窦的最终目标还是到中国的首都北京去。1600 年 5 月，利玛窦一行告别南京，搭乘一支进京的船队沿运河北上，继续他的传教活动。在北京，利玛窦曾干了一件非常奇葩的事情。他第一次觐见皇帝，居然是朝着空无一人的皇位跪拜，因为万历皇帝已经很多年没有上朝了，明朝是依靠着惯性运转着的。但就是这次扑了空的面见，却为利玛窦打开了与万历书信往来的通道。万历此时专注炼丹以及死后的事情，于是向利玛窦咨询一些欧洲丧葬问题，想为自己的葬礼增加一些新样式。这次交流以后，确如利玛窦所料，他打通了向中国传教的机会，从皇宫到朝廷，开始逐渐习惯并接纳了天主教。直到南明走向灭亡前，皇宫里已经有了很多虔诚的天主教徒。

1610 年利玛窦在北京去世，终年 59 岁。从明万历十年(1582)来中国传教直至离世，他共在华 28 年，是天主教在中国最早的传教士之一。

洪承畴与洪公祠：
一条老街的前世今生

洪公祠是个路名，位置在新街口南，东连明瓦廊、三元巷，西衔丰富路、秣陵路，是一条长约二百米的老街，南京市公安局的门牌号码就是洪公祠1号。清初，这里是总督江南军务洪承畴的府宅所在，其死后，清政府在此辟建了当时南京最大的祠堂，故街名洪公祠。

洪承畴是福建南安人，崇祯时官至兵部尚书，1641年，洪承畴指挥的明军与清军在松山(今辽宁锦州南)会战，结果大败，洪承畴被俘，押至沈阳后降清。1644年洪承畴随清军入关，次年到南京总督江南军务，镇压江南抗清义军，南明朝廷杰出的抗清将领黄道周、夏完淳等人，被俘押解南京后均被其杀害。后奉命经略湖广、广东、广西、云南、贵州五省，赐“经略大学士”印。康熙帝即位后，洪承畴退职回南京，继住洪公祠府宅。1665年洪承畴去世，康熙帝追赠他为少师，赐谥号“文襄”。

洪承畴的母亲是位深明大义的女子。清代刘献廷的《广阳杂记》记载：“洪经略(洪承畴)入都后，其太夫人犹在也。自闽迎入京。太夫人见经略大怒骂，以杖击之，数其不死之罪。曰：‘汝迎我来，将使我为旗下老婢耶？我打汝死，为天下除害。’经略疾走得免。太夫人即买舟南归。”洪母不溺于私爱，不惑于利荣，深重的民族气节，为后世人称颂。1853年太平军攻占南京后，洪公祠被毁，洪府大院被改建为李秀成的忠王府。

东北易帜后，张学良为了来南京办事方便，于1933年购买了位于洪公祠内的公馆，整个公馆占地约4万平方米，有两个大厅和大小一百多个房间。张学良到南京曾在此暂住，还曾设宴招待过宾朋。西安事变后，张学良伴随蒋介石回到南京，除了偶住宋子文公馆外，也在此栖身，而审判他的法庭就在距离洪公祠不远处的羊皮巷内。后来，由于军统需要更大的空间来扩展组织，张学良将洪公祠的房产转赠给了戴笠。于是戴笠就从鸡鹅巷搬来这里办公，并在此设立了“洪公祠特训班”，对外称“参谋本部特务警员训练班”，培养了一批特务人员，成为戴笠开创基业的得力干将。

1945 年抗战胜利后，国民政府还都南京，军统回归洪公祠，不久后改组为国防部保密局，毛人凤担任局长。1949 年春节后，保密局大楼突然起火，所有的档案下落不明，洪公祠 1 号又一次沦为瓦砾场。1949 年 4 月 23 日南京解放，5 月 16 日南京市公安局成立，不久正式迁入洪公祠，仍沿用旧址门牌号，为洪公祠 1 号。

李香君与媚香楼：《桃花扇》里的主人公

媚香楼在南京夫子庙，是当年秦淮名妓李香君的故居，如今这里是李香君故居陈列馆。明末清初，南京的秦淮河是“金粉之地”，两岸佳丽如云，笙歌达旦，画舫穿梭。李香君与柳如是、顾横波、马湘兰、陈圆圆、寇白门、卞玉京、董小宛等名妓并称秦淮八艳。她们才艺横绝，国色天香，身处青楼却又侠骨柔肠，以这里为舞台，演绎了一段段凄美的爱情与爱国的故事。

1699年，孔尚任在泰州任职时，创作了传奇剧本《桃花扇》，让李香君更加闻名于世。《桃花扇》所写的是明代末年发生在南京的故事。全剧以侯方域、李香君的悲欢离合为主线，展现了明末南京的社会现实，同时也揭露了弘光政权衰亡的原因，歌颂了对国家忠贞不渝的民族英雄和底层百姓，展现了明朝遗民的亡国之痛。《桃花扇》是一部写实剧本，不仅媚香楼与李香君是真实存在，剧中的重大事件也均属实，只在细节上作了艺术加工。该剧问世三百多年来长盛不衰，已经被改编成黄梅戏、京剧、话剧等多个剧种，频频上演。

《桃花扇》的故事已为世人所熟知，大致是说在明思宗崇祯末年，“明末四公子”之一的侯方域来南京参加科举考试，落第未归，寓居莫愁湖畔。经杨龙友介绍，在夫子庙的媚香楼结识了李香君，两人情好日密。订婚之日，侯方域题诗扇为信物以赠香君。

当时隐居南京的魏忠贤余党阮大铖，正为复社士子所不容，得知侯方域手头拮据，遂以重金置办妆奁，托其结拜兄弟杨龙友送去以笼络侯方域，意欲借以缓和与复社的关系，被李香君看破端倪，义形于色，退回妆奁，阮大铖因此怀恨在心。

李自成攻占北京，马士英、阮大铖在南京拥立福王登基，改元弘光，擅权乱政，排挤东林、复社士子。时镇守武昌的宁南侯左良玉以“清君侧”为名兵逼南京，弘光小朝廷恐慌。因左良玉曾得侯方域之父提拔，侯方域遂写信劝阻，却被阮大铖诬陷为暗通叛军，侯方域为避害只身逃往扬州，投奔督师史可法，参赞军务。阮大铖等逼迫李香君嫁给漕抚田仰，李香君在媚香楼以死相抗，血溅定情诗扇。后杨龙友将扇面血痕点染成桃花图，这就是贯穿全剧的桃花扇的来历。

阮大铖邀马士英在赏心亭赏雪选妓，被李香君趁机痛骂以泄恨，但仍被选入宫中教戏。李香君托苏昆生将桃花扇带给侯方域，侯方域回南京探望，却被阮大铖逮捕入狱。清军渡江，弘光君臣逃亡，侯方域方得出狱，避难栖霞山，在白云庵相遇李香君，在张道士点醒之下，二人双双出家。

李渔与芥子园:“茶壶”里的风景

芥子园在南京老门东三条营32号。别看它现在的名气不大，在明清时却是南京三大私家园林之一，即袁枚的随园、李渔的芥子园和胡恩燮的愚园。芥子园曾经是南京的园林一绝，有“园中之王”的美称。

与随园和愚园不同，芥子园面积不到三亩，属于茶壶中的风景。但小归小，品质好，在主人李渔的精心设计和安排下，园子移步换景，精致而别有情趣。园名起得也很别致，因为面积很小，如同“芥子”，所以取名芥子园。用李渔自己的话说：“地只一丘，故名‘芥子’，状其微也。往来诸公，见其稍具丘壑，谓取‘芥子纳须弥’之义。”到底是文化人，取个名字都文绉绉的。

走进芥子园不起眼的大门，迎面的屋子里是关于李渔和芥子园的展览。从右手的圆门进去，便是园子所在。整座园子围绕中间的一座小湖展开，周围有假山、亭子和厅堂，局部有回廊相接，有栖云谷、月榭歌台、一房山、浮白轩、来山阁等小景，小巧玲珑，布局紧凑，山水相间，错落有致。关于芥子园原先的位置，早先也有人说在龙泉巷，但李渔在《芥子园杂联》小序云：“周处读书台旧址，与余居址相邻。”说明园子现今的位置与当初基本相符。

李渔是明末清初有名的文人。他本是浙江人，1661年前后离开杭州来南京发展。先暂居金陵闸，后在老门东周处读书台附近购地，建起了这座园子。他的文化活动涉猎宽泛，在文学创作、戏曲理论研究、戏剧活动、绘画艺术、编辑出版、园林营构、养生休闲和烹调美食方面皆有成就，也算是个文化奇人。

在南京期间，除了继续创作以外，李渔将主要精力用在经营书铺、编辑出版、营建芥子园与创办家班上，先后开办了翼圣堂书铺和芥子园书铺。令芥子园名气更盛的，则得益于画坛经典之作《芥子园画谱》。当年编纂此书，由其女婿主编，画家王概汇编，李渔作序，以“芥子园”名义出版。近现代的知名画家如黄宾虹、齐白石、傅抱石等，都把《芥子园画谱》作为进修的范本。著名国画家潘天寿 14 岁到县城读书时，从文具店买到一部《芥子园画谱》，成了他学画的第一位老师。在无人指导下，他照谱学画，如醉如痴，终成一代大师。

1677 年，李渔举家迁回杭州，1680 年去世。芥子园被转让他人，此后几易其主，到民国初年沦为菜地。近年来在老门东历史文化街区建设中，芥子园被参照原样复建，重现当年小巧精致的容貌。

乾隆皇帝与燕子矶：六次南巡五次打卡

长江边有三大名矶，即南京的燕子矶、安徽马鞍山的采石矶以及湖南岳阳的城陵矶。燕子矶名列三大名矶之首，享“万里长江第一矶”之美誉。燕子矶是南京长江边幕府山东北角的一座小山，高36米，因受到长江流水长期侵蚀冲刷，形成了悬崖峭壁的独特地貌。燕子矶石峰突兀江上，三面临空，势如展翅欲飞的燕子，因而得名。

为了写作本篇，笔者前不久专程去了趟燕子矶。进燕子矶公园大门，迎面有间不大的展厅，介绍燕子矶的人文历史。从展出的内容看，较早来燕子矶观景的是明太祖朱元璋。尽管文化水平不高，当年却也附庸风雅写了几句顺口溜《咏燕子矶》：“燕子矶兮一秤砣，长虹作杆又如何？天边弯月是钩挂，称我江山有几多！”虽然跟文人雅士的诗词没法比，却也想象力丰富，将彩虹作杆，弯月为钩，燕子矶为砣，用这杆巨秤来称量自己统治的江山，反映出朱元璋作为一国之君内心的豪迈与自豪。

若论来燕子矶次数最多的帝王，非清代的乾隆皇帝莫属。乾隆皇帝六下江南，曾五次打卡燕子矶，而且每次来都留下一首诗，可见对这里情有独钟。乾隆第一次来燕子矶是乾隆十六年(1751)，留下了他的题诗《燕子矶》：“当年闻说绕江澜，撼地洪涛足下看。却喜涨沙成绿野，烟村耕凿久相安”；乾隆二十二年(1757)他二登燕子矶，写下题诗《望燕子矶观大江》；乾隆二十七年(1762)三登燕子矶，写下题诗《题燕子矶》；乾隆三十年(1765)四登燕子矶，写下题诗《游燕子矶》；乾隆四十五年(1780)五登燕子矶，写下题诗《燕子矶即景》。这些诗描绘了燕子矶在不同季节的美丽景色，体现了乾隆帝对燕子矶美景的喜爱。

出展览厅拾级而上，第一处景点便是御碑亭。这里是燕子矶的最高点，亭内石碑上的“燕子矶”三个大字，系乾隆皇帝第三次登临燕子矶时的御笔亲书。从御碑亭往矶头前行，道边立一劝诫石碑，上书：“想一想死不得——陶行知”，这是我国著名教育家陶行知当年在此所立。因燕子矶山势险峻，旧时偶尔有人来此投江，陶行知在此立碑，也是为了劝诫绝望的人们珍惜生命，顽强地生存下去。当年陶行知创办的晓庄师范学校离此不远，想来他也是常来此寻古探幽，观赏长江美景的。偶遇那些痛不欲生的人们，难免动了恻隐之心。

从劝诫碑前行几步，有一块“酒樽石”，形状很像古代的酒樽。传说当年李白也来此一游，以此石为杯，把盏问天，对江酹月，并书写了“吞江醉石”四个大字。有人说李白的“吞江醉石”四字虽已不存，但留下了《题崖“吞江醉石”》一诗可证。但经考证，李白写金陵的诗多达几十首，在《李白集》中却查无此诗。另外此诗的最后一句“僧尚报夷酋”应为“僧尚恨夷酋”，说的是1842年英军在燕子矶登岸，一路烧杀抢掠，附近的永济寺也遭到破坏，所以诗人到访寺中时，僧人还愤恨不已。显然此为近代诗人所作，并非李白的作品。至于把“酒樽石”与李白联系到一起，显然是人们出于善意的想象和一种精神上的附会，并不能说明一千多年前李白到过燕子矶。

过了“酒樽石”，前方就是燕子矶的矶头。低头看去，脚下的绝壁直插江面，但见江潮汹涌，波涛如怒，惊涛拍岸，乾隆爷的“撼地洪涛”堪称用词绝妙；抬眼四望，只见滚滚长江，浩浩荡荡，百舸争流，一泻千里，不禁让人想起苏轼的那首《念奴娇·赤壁怀古》：“大江东去，浪淘尽，千古风流人物。故垒西边，人道是，三国周郎赤壁。乱石穿空，惊涛拍岸，卷起千堆雪。江山如画，一时多少豪杰。”虽然燕子矶与赤壁远隔千里，但都矗立在长江边，给人的观感也是异曲同工。

从矶头往回，沿着崖边的石级，一步步下到矶头侧面半山腰的观澜亭，由此可欣赏矶头入江的全貌。在红色的石壁上，依稀可见“燕矶夕照”四个大字，只是由于岁月的侵蚀已不太显眼，但“燕矶夕照”作为南京的一大景观，早在明清时期就名列“金陵四十八景”之一了。

从观澜亭下山，在靠近江边的红色石壁上，是一片摩崖石刻，镌刻着朱元璋、乾隆帝以及文人骚客们为燕子矶题写的诗词，不过这些石刻都是现代书法家的作品。若是再过几百上千年，就可以称为古代摩崖石刻了。

曹雪芹与江宁织造署：《红楼梦》里的大观园

曹雪芹出生在江宁织造署，他的文学巨著《红楼梦》中的大观园，即以江宁织造署为原型。江宁织造署的位置在今南京大行宫一带。当年它的占地面积很大，东到今龙蟠中路，西到碑亭巷，南到棉井巷、科巷、仁孝里，北到长江后街(一说到珠江路)，长宽约为一公里的范围内，今天的总统府地块，仅是江宁织造署的一小部分。1984 年，在当时的大行宫小学东南角施工工地，发掘到假山石几十块，染料及有“大清雍正年制”字样的残瓷碗底、龙纹瓦当、砖雕残片等，证实这里为江宁织造署西花园遗址。

江宁织造的历史，从清初的 1645 年起，前后存在了 200 多年。清代南京是丝织业中心，依靠丝织业为生的居民达 20 多万人。于是朝廷在南京设立了江宁织造署，作为专门制造御用和官用缎匹的官办织造局。江宁织造一职多由皇帝的亲信担任，其地位仅次于两江总督，所以权势显赫。曹雪芹的曾祖父(曹玺)、祖父(曹寅)、父辈(曹顒、曹頫)三代人先后担任江宁织造要职达 59 年之久。

1715 年，时任江宁织造的曹顒病逝，康熙帝恩旨，将曹顒堂弟曹頫过继给曹寅，接任江宁织造。曹顒病逝时，其妻马氏已有孕在身，此遗腹子就是曹雪芹。1715 年 5 月 28 日，曹雪芹诞生在江宁织造署中，取名“雪芹”，出自苏轼的《东坡八首》之三：“泥芹有宿根，一寸嗟独在；雪芽何时动，春鸠行可脍。”曹雪芹在江宁织造署里度过了 12 年快乐时光。1727 年，曹頫被革职查办并抄家，曹雪芹随着全家离开南京迁回北京，曹家从此一蹶不振，日渐衰微。

此后曹雪芹因罪臣之后的身份，个人奋斗屡遭碰壁，好友劝他知难而退，专心著书。曹雪芹在隐居西山的十多年里，将旧作《风月宝鉴》“披阅十载，增删五次”，于三四十岁的年纪，写成了鸿篇巨著《红楼梦》。曹雪芹从一个官二代沦为穷苦文人，恰恰因为这段曲折的经历，让他尝尽了人间冷暖，为他创作《红楼梦》注入了极大的养分，奠定了《红楼梦》崇高的文学地位，可谓是失之桑榆，收之东隅。

话题再回到江宁织造署。清代康熙皇帝南巡时，四住江宁织造署。两江总督尹继善索性在江宁织造署大兴土木，将其正式改造为乾隆江宁府行宫，民间俗称“大行宫”。行宫内设置有假山，并且有青溪穿流而过，有绿静榭、听瀑轩、判春室、镜中亭、塔影楼、彩虹桥、钓鱼台等建筑设施。太平天国定都天京后，洪秀全在乾隆行宫基础上建起天王府，后毁于战火。曾国藩出任两江总督后，重建两江总督署于原天王府废墟上，民国期间作为国民政府及总统府所在地。其实从天王府到两江总督署、总统府，均只使用了乾隆行宫的一小部分地块，其规模更是无法与当年的江宁织造署比肩。

如今在大行宫建有江宁织造博物馆，2009 年元旦建成开放。此博物馆地面建筑四层，但重头戏在地下两层的江宁织造署、曹雪芹纪念馆、红楼梦文学史料馆和云锦博物馆。地面建筑整体风格取中国山水画意境，将北高南低的建筑群尽可能用园林手法加以覆盖。复建了织造署中原有的西池、楝亭、萱瑞堂、西堂等建筑，从南望北叠叠高起，如同一幅江南山水画，让参观者仿佛又回到了《红楼梦》的大观园中。

秦大士与秦状元府：我到坟前愧姓秦

在南京城南中华路西侧，有一条小巷叫“秦状元里”，不过其主人名叫秦大士，与秦桧不是同一个人。二十世纪五十年代初，秦状元巷与银作坊合并，取两巷首字名秦银巷，二十世纪末改名秦状元里。

秦大士是南京人，号涧泉，1715年出生，1777年62岁时去世。他23岁时考中举人，38岁时考取状元。殿试之前，坊间传言他出身不好，是巨奸秦桧之后。进京面圣时，不知是乾隆爷当真了，还是故意给他难堪，见面没寒暄几句就问：“听说你是秦桧的后代?”意思不言而喻，秦桧后人必然也是奸臣了。可秦大士不卑不亢地说：“皇上，一朝天子一朝臣。宋高宗是昏君，用的是奸臣；而您是明君，用的自然是忠臣!”乾隆爷听罢龙颜大悦，欣赏其过人才智，当即钦点秦大士为当朝状元。

秦大士原住在中华路西，其所居街巷南起长乐路，北至金沙井，是一条连接金沙井与许家巷的小道，后秦大士金榜题名，按惯例由地方官命名为秦状元巷。清《同治上江两县志》记载：“《白下琐言》：秦状元巷，在江宁县左，涧泉殿撰未达时故居，今为家祠”，彼时江宁县衙门就设在此巷南面的长乐路上。

乾隆皇帝赏识秦大士的才华和气节，让他担任科举考试的考官，后为翰林院侍讲学士，辅导皇子读书从来一丝不苟，后供职于翰林院。秦大士为人清正，在外只做了十来年的官，乾隆三十三年(1768)父丧便回归南京。身为南京人，他在这里留下了许多足迹，尤其是城南一带，更有不少题咏墨迹，夫子庙大成殿学宫“东南第一学”的门匾即由秦大士题写。他与“随园老人”袁枚是好朋友，两人曾经一同畅游秦淮河，沿岸风光、六朝金粉令秦大士触景生情，咏诗一首：“金粉飘零野草新，女嫱日日枕寒津。伤心慢莫悲前事，淮水而今尚姓秦。”最后一句博得袁枚喝彩，一时间广为传诵。

秦大士回南京时 53 岁，仍住在秦状元巷老宅，后其子秦承恩买下位于武定桥东的明代大学士何如宠旧宅，取欧阳修“瞻望玉堂如在天上”之意，名为“瞻园”（此园非瞻园路上的瞻园，纯属巧合）。秦状元府后由其子扩建，人称“大夫第”，即今长乐路 57、59、61 号之院落。其门前的这段路也称大夫第，大约从今武定桥至来燕路口。2007 年整修左右南向两座紧邻的大门，西边门额为“大夫第”，东边门额为“秦状元府”。而中华路西之秦状元巷老宅，迁居后改作了秦氏宗祠。如今的秦状元府内，有介绍秦大士生平事迹的展览，陈列有秦大士的字画墨宝以及相关文物等，院内尚存一棵玉兰树，相传当年为秦大士手植。

关于秦大士的身份问题，还有个有趣的传说。他曾在杭州岳王坟前写下诗句：“人从宋后少名桧，我到坟前愧姓秦。”表示对自己祖先所作所为的不齿，不过这只是个传说。秦大士其实是南宋清官秦梓的后代，秦梓是秦桧的兄长，当年因秦桧陷害岳飞而与其断绝往来，举家迁往溧阳，过上了隐士般的生活。

袁枚与随园：老南京的资深“吃货”

南京师范大学有个随园校区，坐落于宁海路122号。“随园”是清代江南的三大名园之一，现主体建筑均已不存，仅存一些遗迹。提到随园这个名字，往上可追溯到明代。

随园的历史，最早是明末五秀才之首吴应箕的私家园林焦园，后来是江宁织造曹寅家族园林之一，有人说随园就是《红楼梦》里的大观园。之后曹家被抄家，园子归了继任的江宁织造隋赫德，人称“隋园”。但不久隋赫德也被抄家，园子就被搁置了。1748年袁枚购得此园，名之为“随园”，世称“随园先生”。为何要叫随园？大概原因有三：其一，以“隋园”的谐音更名为“随园”；其二，袁枚修葺此园时，就势取景，随心随性，所以叫随园；其三，经历过官场沉浮后，袁枚追求的不再是仕途，而是随性的生活。

随园在太平天国时被夷为平地，还被太平军开荒种粮成了农庄。1923年7月，金陵女子大学在随园旧址上建了新校区，校长是教育家吴贻芳。她是1945年第一位在《联合国宪章》上签字的女性，中华人民共和国成立后担任江苏省副省长。1952年全国院系调整时，以金陵女子大学为基础改组为南京师范学院，即后来的南京师范大学，其校址现为南京师范大学随园校区。今天的随园校区依然保持着古色古香的传统，有着“东方最美丽的校园”之美誉。

袁枚是清代的诗人、散文家和文学批评家。他是乾隆朝数一数二的大才子，与曾任礼部尚书的纪晓岚并称“南袁北纪”。他是浙江钱塘（今杭州）人，活了82岁，死后葬在南京城西的百步坡。袁枚进士出身，当过七年县令，但仕途不顺，辞官隐居于南京随园。袁枚很有个性，他坦言自己“好味，好色，好葺屋，好游，好友，好花竹泉石，好珪璋彝尊、名人字画，又好书”（《所好轩记》），在清代文坛上是个十足的雅人。他的生活就是著书品茶、看竹赏花，偶尔还调教弟子，约各界名流吃吃饭，吹吹牛，逍遥自在。

袁枚的才情自不必说，他还是个美食家。美食家在现今被称为“吃货”，袁枚无疑是南京城里的一位资深吃货。袁大人对美食情有独钟，当年他吃遍了整个南京城，还自己在随园开了个饭馆，招待各路高朋的同时，顺便也满足了自己的味蕾。袁枚不仅好吃，还吃出了学问，吃出了水平。有生之年，袁枚四处搜罗美食的做法，写成了集中国古代烹饪理论和实践之大成的菜谱——《随园食单》。他用文人精妙的笔触，记录了各种美食的烹饪方法，写出了一本纸质版的“舌尖上的中国”。

为搜集各种食谱，他想尽了办法。有一回他在蒋侍郎家做客，吃到一道好吃的豆腐，立马跟人家讨要配方。人家跟他开了句玩笑，说想要秘方先得行礼，没想到袁大人立刻鞠躬行礼，把蒋侍郎吓了一跳，只好将配方和制作方法如实相告。回到府中，袁枚按照食谱做了这道菜，果然美味，于是将此菜取名“蒋侍郎豆腐”，把菜谱记录到他的美食宝典中。因为爱吃，袁枚还广交厨师朋友。南京有位名厨叫王小余，跟袁枚处得像铁哥们似的，宁愿不当御厨和去总督府当厨，也要在随园里给袁枚做饭。有时因为一道菜不满意，被袁大人骂得狗血淋头，也照样不离不弃。王小余去世后，袁枚悲痛不已，专门为他写了传记《厨者王小余传》，流传至今。

甘熙与甘家大院：
保存最好的“九十九间半”

在南京老城南，旧时有不少大院，明清时期都是些大户人家居住的地方。小时候我家就住在老门东的大井巷，大井东边的三条营 92 号就是个大户人家的院子。里面一进一进木结构的房屋，正中的建筑是两三层的楼房，回廊挂落格子窗，青砖小瓦马头墙，屋檐雕梁画栋，院落青砖铺地，楼上的走路声院子里都能听到。院子里还有门房、丫鬟房、厢房等，还有个边门通到隔壁的 94 号院子，据说这里曾是 92 号人家的马厩，后来也改造成了有六七户人家的住房。老门东还有比这更大的院落，比如三条营的蒋百万故居和中华路上的白酒坊 7 号濮家大院，就曾有房屋九十九间半。笔者有位同学就是老濮家人，每次去他家总要他在前面带路，否则在院子里七拐八拐难免迷路。可惜后来因第一医院扩建，濮家大院被拆除殆尽，只留下些许记忆。

旧时有钱人建房，之所以只建九十九间半，这其中是有讲究的。据说明清时有规定，民间住宅造屋不能超过一百间。据说天帝的房子有一万间，因而皇宫最多九千九百九十九间半，王公勋爵的住宅最多九百九十九间半，民居最多就只能建九十九间半了。与濮家大院类似，老门西南捕厅的甘家大院，也是个明清时期的九十九间半，所幸至今保存良好。

甘家大院因甘熙而出名。甘熙生于 1798 年，逝于 1853 年，道光年间的进士。曾任户部广东司兼云南主稿、记名知府等职，后因病告老还乡。甘熙是清代文人和方志学家，曾对南京历代掌故、民风民俗、街巷名称沿革等仔细搜罗考证，编撰了南京方志著述多种，著有《白下琐言》《桐荫随笔》《栖霞寺志》《重修灵谷寺志》等，其中以《白下琐言》最为人推崇，多为后人在研究南京史志时引用。

甘家大院(今甘熙故居，又称甘熙宅第)是目前南京面积最大、保存最完整的私家民宅。始建于清嘉庆年间，由甘熙的父亲甘福开始建造，后来甘熙又续建、扩建。当年甘熙曾经为官，对于建房的数量深知关系重大，所以未敢建满百间，只建了九十九间半，那半间是一个四面皆窗的楼阁。

甘家大院规模宏大，历经甘家几代人建设完成。院内由四组多进穿堂式古建筑群构成，院落轴线上依次有门厅、轿厅、大厅、响厅、内厅等。建筑群内虽有房间“九十九间半”，但却只设一个出入口，想进入宅内，必须通过该入口，体现了封建家庭不另立门户的传统观念。几组房屋最终均通向宅第东南角所营建的花园，园中理水叠山，架桥辟径，种植花木，体现了“前实后虚”的大府邸建造理念。甘家大院里还建有藏书楼“津逮楼”，藏书达10万卷之多，另有“文澜轩”，有藏书数万卷，咸丰三年(1853)毁于兵火。幸存的部分藏书捐赠给了龙蟠里国学图书馆(今南京图书馆)珍藏。1951年，甘氏旧宅出售，1986年开始搬迁部分居民住户，在此成立了南京市民俗博物馆并对外开放。

甘家大院不仅为后人留下了宝贵的物质遗产，与甘家大院有着各种渊源的人，也为我们留下了相关的人文轶事。中华人民共和国成立之初，黄梅戏大师严凤英与甘家后人甘律之，因对戏剧的共同爱好而有过一段姻缘，并曾住在甘家大院的西偏院。1956年，因当年的政治氛围和两人地位的变化，严凤英选择和甘律之离婚，结束了她与甘家的联系。除了严凤英，还有一位当红明星出自甘家大院，她就是影视演员海清。海清的母亲甘娟是甘熙后人甘贡三的孙女、民乐宗师甘涛的侄女。海清少年时在南京长白街上的江苏省戏剧学校学习舞蹈，后又就读于北京电影学院学习表演，从此走上艺术之路。所以海清的艺术成就，是与她的家族遗传分不开的。

林则徐与江南贡院：雷厉风行除积弊

晚清名臣林则徐与南京很有渊源，他曾写下“斜日西风万柳条，栖鸦流水旧魂消。即今仍踏长干路，官爱江南为六朝”的诗句，足见其对南京的感情之深。

位于南京夫子庙的江南贡院，是清代江南行省的乡试考场。当年的江南贡院东接桃叶渡，南抵秦淮河，西邻状元境，北对建康路，最多时有考试号舍20644间，是中国古代最大的科举考场。1905年9月废除科举制度后，江南贡院破败损毁，现仅存明远楼、飞虹桥及若干石碑为原物，并且在原址上修建了中国科举博物馆。

当年江南行省的大致范围，包括今天的江苏省、上海市、安徽省全境以及浙江省北部、江西省婺源县、湖北省英山县等。清顺治十八年(1661)，将江南省拆分为“江南右”与“江南左”，即后来的江苏省与安徽省。传统上按长江上下游关系，把来南京参加乡试预考的安徽考场称为“上江考棚”，江苏考场称为“下江考棚”。如今下江考棚地名因市立第一医院扩建而消失，上江考棚的地名还在老门东街区里存在着。

林则徐与江南贡院有着不解之缘。担任江苏巡抚六年期间，林则徐曾三任江南乡试监临官(监考官)，对科举考试弊端进行整治，留下了“三度亲临棘闱中，雷厉风行革弊政”的佳话。林则徐第一次监临江南贡院是在道光十二年(1832)，这一年，林则徐刚刚调任江苏巡抚。林则徐从苏州赶到江宁(今南京)，很快就向朝廷递上一道奏折——《请定乡试同考官校阅章程并预防士子剿袭诸弊折》，针对当时科场弊端，抓住重点提出了改革办法。

其一是整顿考务。他对负责考试的各类人员包括同考、提调、监试、收掌等进行慎重挑选，任用了一批“文理优长精神振作之员”，淘汰了一批“年老荒庸滥行充数”者。当时乡试阅卷中有同考官(阅卷官，又称房考官)争先推荐的毛病。同考官们在拿到第一场试卷后，大致浏览一遍后便定出好坏，将合意的放在一起，加批语后推荐给主考官；稍不满意的就归入落选试卷之列，不做任何批语。为了将自己推荐中选的考生尽早供主考官参考，同考官们相互争赶时间推荐，对落选的试卷随意点评，敷衍了事。对此，林则徐对考官阅卷章程作了严格的规定，“除二、三场批语不拘外，首场四篇必使逐一批出。凡泛而不切字样，如‘欠精警’‘少出色’之类，概不许用”。

其二是严查作弊。林则徐制定了考场规约十二条，要求考生不许夹带，甚至带来的干粮都必须切开，以防作弊。考生进入考场要经过三道门的严格检查，如果前两道没查出问题，最后一道发现问题，那么前两道门的工作人员将以玩忽职守治罪。作弊考生将示众，并革除已有的功名。针对一些考生夹带“范文”资料等作弊情况，林则徐抓住作弊文章雷同化的特征，采取严厉手段。凡发现文章中有与儒家经典四书五经雷同达三行以上的便要严惩。全部批阅落选试卷后，发现与中选试卷文章雷同的，追查中选者，让雷同抄袭者很难蒙混过关。主考官将雷同抄袭者的名字记下来，揭榜后将名单交由林则徐亲自查办。

其三是规范秩序。江南乡试考生众多，每科人数都在万人以上，面对这样大型的考试，对组织工作的要求很高。为了维持考场秩序，林则徐运用兵法，对考生入场办法加以改革。以往考生进入考场时，循例唱名授卷，考生为争先入场，你拥我挤，喧闹不堪，甚至有跌入考场大门内水池中淹死的，而且需耗时一昼夜才能完成点名入场。有鉴于此，林则徐创设信炮，立灯牌，明定入场规则，将各县考生何时在何门点名，先期布告，使考生分三门按部就班入场，入场时间被缩短了近一半，改变了以往的混乱状况，这些确有实效的做法在全国得以推广。监临期间，林则徐还加强闱内的后勤管理，得到应试考生的感谢和赞扬。

此后，道光十四年(1834)甲午科江南乡试，林则徐轮值监临。道光十五年(1835)乙未科江南乡试，仍由林则徐监临。经林则徐改革后，江南乡试得以顺利进行，“士子点名进场时，逐加搜检，并无夹带，场内随时巡查，亦无顶替代倩情弊，迨揭晓后，查访所中举人多系素有文名之士”。

从林则徐三次监临江南乡试，证明了他是一位想做事、敢做事、做成事的官员。道光十七年(1837)，林则徐升任湖广总督，自此离开了古城南京。在南京长江路“总统府”(原两江总督署)东苑景区内，如今还保留有一座陶林二公祠。这是在清代光绪年间，由时任两江总督左宗棠奏准朝廷修建的，用以纪念一代名臣陶澍和林则徐。

魏源与龙蟠里：睁眼看世界的文化人

龙蟠里是南京的古地名之一，在清凉山公园东南侧。当年诸葛亮经过秣陵(今南京)时，曾登临石头山(今清凉山)，发出了“钟山龙蟠，石城虎踞，真乃帝王之宅也”的感叹。龙蟠里和附近的虎踞关、虎踞路等地名，便来自孔明先生的这一声感叹。

龙蟠里小街虽然不长，却是南京有名的“诗巷”。巷子里有方苞祠堂、惜阴书院、教忠祠、四松庵等古迹，人文气息浓厚。龙蟠里9号为惜阴书院旧址。1907年，两江总督端方在惜阴书院旧址筹建江南图书馆，收藏了杭州丁氏《八千卷楼》藏书及其他许多珍贵典籍，是中国近代最早的公共图书馆。鲁迅、胡适、蔡元培、徐悲鸿等人，当年都曾在此住馆阅览。

魏源是清代著名学者，中国近代启蒙思想家。他生于湖南邵阳，殁于杭州。道光进士，官至知州，学识渊博，著述很多。1832年魏源来到南京，即相中了龙蟠里东侧的一块地(今20号)，在这里购地造屋。初名“湖子草堂”，后改名“小卷阿”。“卷阿”乃《诗经·大雅》中的篇名，泛指蜿蜒的山陵，寓意心怀远大。他的故居历经190多年风雨，仍有两间保存完好，他亲笔题写的宅门横额——“小卷阿”，三个大字至今依稀可辨。在此，魏源完成了享誉海内外的《海国图志》。

如果说，魏源算不上晚清第一位睁眼看世界的知识分子，至少也是第一批。他与时任江苏巡抚林则徐是志同道合的朋友，林则徐曾把自己在广州主持翻译的《四洲志》资料交给魏源，嘱托他进一步搜集研究外国资料，为国人了解世界编撰一部《海国图志》。为此魏源以《四洲志》为基础，将当时搜集到的文献资料和自撰的很多篇论文进行扩编，经过一年多努力，终于完成了《海国图志》五十卷。此书初刻于 1842 年，十年中又陆续增加到一百卷，于 1852 年刊行于世。这部书，可以说是中国人自编的一部最为详备的世界史地参考书，全面介绍了世界各国的历史、地理、政治、经济、军事、科技、宗教和民俗文化，对当时的国人来说，是一部睁眼看世界的奇书。

清朝末年内外交困，特别是鸦片战争的爆发，使林则徐、魏源等一批仁人志士从闭关自守中觉醒，以全新的态度睁眼看世界。魏源在《海国图志》的序言中写道：“是书何以作？曰：为以夷攻夷而作，为以夷款夷而作，为师夷长技以制夷而作。”他的“师夷长技以制夷”的主张，开启了了解世界、向西方学习的新潮流，标志着近代中国开始由传统向现代的思想转向。魏源去世后，有一位兵部右侍郎王茂荫，向朝廷写了一封奏折，请求将《海国图志》重印，“使亲王大臣家置一编，并令宗室八旗以是教，以是学，以知夷难御而非竟无法之可御”，却未引起朝廷的重视。他的《海国图志》无法挽救暴露于西方炮口之下、却仍在做天朝大梦的帝国。

而在一衣带水的邻邦日本，学者藤间生大在他的著作《世界史上的魏源》中说，自 1853 年始，《海国图志》被日本人广泛阅读，魏源的主张也被人们所熟知，它促进了日本人对世界知识的了解，推动了日本的明治维新。就连日本人也说，魏源这样的“忠智之士”写下的“忧国著书”，不为己君所用，反被他国弘扬，思之不免令人感伤。

邓廷桢与万竹园：禁烟运动的领导者之一

邓廷桢也是南京人，他是1839年禁烟运动中与林则徐并肩作战的清代名臣、民族英雄。当年二人发配新疆伊犁时，邓廷桢先期到达，林则徐诗赠邓廷桢："与公踪迹靳从骖，绝塞仍期促膝谈。他日韩非惭共传，即今弥勒笑同龛。扬沙瀚海行犹滞，啮雪穹庐味早谙。知是旷怀能作达，只愁烽火照江南。"体现了两人患难与共的深厚情谊。

邓廷桢的出生地在南京。清乾隆四十一年(1776)，他出生于老门西明城墙西南角的万竹园。万竹园最早于明嘉靖年间，由明初开国功臣徐达的后人徐继勋建造，园内有修竹万株，面积两三顷，得名"万竹园"。明代文学家王世贞在《游金陵诸园记》里描述万竹园"园有堂三楹，前为台，台亦树数峰，墙可高数仞……堂左厢三楹，亦可布席。自此而外，则碧玉数万挺，纵横将二三顷许"。可见此园的规模很大。清代陈作霖的《金陵琐志》上也说，万竹园"幽篁成荫，群鹭飞翔"，美不胜收。后来徐氏家业颓败，园林也不断易主。到明朝崇祯末年，万竹园被邓旭买下，邓廷桢便是邓旭的六世孙。此后的万竹园方池似鉴，雉堞如屏，修竹万竿，上下掩映。自邓旭始，邓氏家族在这里繁衍生活了两百多年。

邓廷桢以后的时代，社会动荡，战乱不止，万竹园也在"兵燹以后，已荡为瓦砾场矣"（徐寿卿1908年《金陵杂志》)，但在1937年版的《最新南京地图》和1947年版的《南京市街道详图》中，还可以找到万竹园的地名。二十世纪五十年代，万竹园仅剩下八间破旧房屋，后因筹建南京第一棉毛纺织厂被征用，万竹园最后的主人——邓廷桢的五世孙邓佐，举家迁居附近的学智坊10号，至此万竹园彻底成为历史。而邓氏家族宗祠遗留的五块石刻，因被邓佐镶入堂屋的墙壁而得到妥善保护，碑文中记载了邓廷桢对禁烟坚定而又积极的主张：“道光十五年，授两广总督。时方议鸦片烟禁，公奏议以为，法行于豪贵，则小民易从；令严于中土，则夷(外)货自绌。”万竹园旧址现已被开发为悦动·新门西文化产业园区。

当年万竹园中建有藏书楼“青藜阁”，藏书万卷，“青嶰堂”则是邓廷桢在万竹园中的读书生活场所。1801年，邓廷桢考中进士，从乡试、会试考官干起，此后历任浙江宁波、陕西延安、榆林、西安诸地的知府，后升任江西布政使、陕西按察使、安徽巡抚，1835年就任两广总督。当时东南沿海鸦片烟盛行，他与林则徐“共矢血诚，俾祛大患”，积极协助林则徐查禁鸦片走私，收缴鸦片，添置木排铁链，整顿海防，成为林则徐的亲密同僚。之后朝廷调邓廷桢任云贵总督，又改调两江总督，尚未到任，又因福建禁烟和海防事务，改任闽浙总督。邓在福建加强海防，于1840年7月2日在厦门击退来犯的英军。9月28日，清朝因战事失利与英国展开谈判，邓廷桢与林则徐先后被革职，充军新疆伊犁。道光二十三年(1843)邓廷桢获赦复出，任陕西巡抚并署理陕甘总督。道光二十六年(1846)，邓廷桢积劳成疾卒于西安任所，他的灵柩被子孙迎回万竹园，归葬于南京。

邓廷桢善诗文，还是著名的书法家，著有《双砚斋词钞》《双砚斋诗钞》等。书法方面擅写小篆及楷、行诸体，尤以小篆最精。南京市博物馆藏有他玉筋体小篆《说文叙辞轴》。《清史稿》评价邓廷桢曰：“廷桢治行早为时称，屡踬屡起，宣宗(道光帝庙号)知之深”；“邓廷桢与(林)则徐同心御侮，克保严疆”。

邓廷桢墓园在南京东郊仙鹤门外灵山下的邓家山麓。墓园背依灵山，正对钟山，周围松竹环抱，墓前立有石碑，正面刻有“清两广闽浙陕甘总督邓廷桢之墓”，背面刻有“重立碑记”，叙记邓廷桢的简历和功绩。邓廷桢墓在 1982 年被列为江苏省文物保护单位，现已辟为邓廷桢文化公园。

洪秀全与天王府：短命的“天朝”皇宫

太平天国定都天京(今南京)时，天王府是洪秀全的皇宫所在，位于今长江路292号。此地明代曾为汉王府、沐昕府第，清代设两江总督衙署于此。1853年3月，太平天国定都天京时，将两江总督署改建为洪秀全的天朝宫殿(天王府)。

据说天王府的范围东至黄家塘，西至碑亭巷，北至浮桥、太平桥一线(即杨吴城壕)，南至科巷，宫城建筑宏伟壮观，宫墙分内外二重，墙高二丈。外称太阳城，内名金龙城，外有城濠，宽、深各两丈，濠上有桥，桥前有镌刻着“天朝”的石坊一块。太阳城正门为天朝门，金龙城正门为圣天门，正殿为金龙殿，还有二殿、三殿，有穿堂直通后宫。最后为后林苑，东西两侧有花园。现存遗址有西花园(煦园)及园内石舫、大殿、暖阁、穿堂等。西花园在清代以后几经增修，还部分保留着当年的景物，如六角亭、方胜亭、望亭和人工开凿的水池中的石舫等。

皇宫的外城广场，占地约一平方公里。最南端为一列黄色大照壁，宽逾九十丈，上边彩绘着龙虎狮象图案，张挂着天王的若干诏旨；照壁以北是品字型的三座牌坊，正面一座“全金立匾，上横书四大字曰‘天堂路通’”，是谓“天朝牌坊”；左右两座，一书“天子万年”，一书“太平一统”，朱漆栋柱，遥相呼应。牌坊之侧，又竖着“文武下马牌”，是太平天国官员来到天王府前必须下马的地方。

1864年7月清军占领天京后，天王府被曾国荃一把火焚毁。1949年以后，曾在西花园发现了太平天国时的石鼓和“侍卫府胡衙”石碑。1870年，曾国藩在天王府遗址上，重建两江总督署。辛亥革命时，作为中华民国临时政府的办公地，孙中山在此就任临时大总统。1948 年为总统府。1998 年在总统府旧址开始筹建南京中国近代史遗址博物馆。

洪秀全是广东花县（今广州市花都区）人，族名仁坤，曾用名火秀，后来为了避上帝名讳而改为秀全。他是清末太平天国运动的领导人，于 1851 年 1 月 11 日发动金田起义，1853 年定都江宁（今南京），改称天京，自任天王。太平天国运动历时 14 年，席卷了大半个中国，加速了清王朝的灭亡。

不可否认的是，洪秀全及其太平天国运动存在着很大的历史局限性，其奉行的盲目排外政策、不切实际的纲领，以及他后期腐化的生活作风等，都是导致太平天国运动最终失败的重要原因。洪秀全的太平军在作战中动辄屠城，伤害无辜，匪气太重，在一定程度上丧失了民心。晚期又思想保守，陷入了宗教迷信。1864 年 6 月 1 日，洪秀全以 51 岁病死于天京。7 月 19 日天京陷落，洪秀全毕生追求的“天国”理想就此破灭。

曾国荃与曾公祠：能战能贪的“曾铁桶”

南京秦淮区九条巷8号有座曾公祠，与其他地方的曾公祠不同，这座祠堂的主人是曾国荃，而不是他的哥哥曾国藩。曾公祠建于清光绪十七年(1891)，全称是“曾忠襄公主祠”。民国时期是“蒙藏委员会”所在地，新中国成立后改为学校，现在是南京市钟英中学校址，作为学校的行政办公区。其实原来南京还有一座曾国藩祠堂，在清凉山下，莫愁湖里还有曾公阁，汉西门外另有曾文正公遗爱坊，如今祠和阁均已无存，只有坊还留下些石头构件，扔在莫愁湖公园内无人问津。

曾公祠主要建筑为三进砖木结构的厅殿。尤其是第一进正门门口，是座十多米高的“八”字形雕花砖砌牌楼，“山”字形脊顶覆以筒瓦，檐口下为砖雕斗拱，工艺精绝。第二进为正厅，最后一进为大殿，均为五开间高大轩敞的屋宇。各进院中皆有两庑和回廊，回廊今存朱红圆柱48根。可惜当年日寇占领南京后，部分祠堂建筑曾被改为殡仪馆。现为南京彩色印刷厂部分厂址，花园不复存在。1982年，曾公祠被定为南京市文物保护单位后，政府多次拨款维修，两侧厢房做了仿古重建，院子里种树栽花，砌假山，修水池，成为一座花园式清静优雅的校园。

曾国荃是湖南湘乡人，湘军首领之一。他是曾国藩的四弟，在族中排行第九，人称“曾九”或“曾九帅”。此人善于打仗，作战时善于挖壕围城，有“曾铁桶”之称。他随曾国藩征讨太平天国起义，在攻陷安庆之战中立有大功，而被清廷赏“伟勇巴图鲁”名号。1864年攻破天京城池，擒获洪仁达、李秀成等天国军政大员，因功授奖。自此官运亨通，1884年由礼部尚书调任两江总督兼南洋通商大臣，收复天京二十年后再次来到南京。1890 年死于任上，年六十七岁。当年底，曾国荃灵柩运回湖南安葬。清廷下诏，准其入祀昭忠祠、贤良祠；册赠太傅，谥号“忠襄”，并在湖南原籍、江苏南京为其建立专祠祭祀。

曾国荃征战一生，大小战役总揽全局，屡战屡胜，立功无数，尤其在平定太平天国时立下汗马功劳，可他在历史上的评价却不高。他指挥的湘军在镇压太平军时嗜杀成性、侵吞财宝的行为，引起了朝中群臣的不满，加上当时朝廷对于湘军的忌惮，曾国藩曾以曾国荃病重为由，请求朝廷把曾国荃开缺回籍。打了胜仗，立了大功，但又遭人诟病的曾国荃，后来之所以能得到善终，还得归功于其兄曾国藩的庇护。

李鸿章与金陵机器制造局：近代中国工业建筑的“陈列馆”

金陵机器制造局，就是后来的晨光机器厂，今天的南京晨光集团有限责任公司，厂址在南京中华门外正学路。金陵机器制造局是李鸿章在1865年创办的，至今160年。

清代的金陵机器制造局

1865年，李鸿章由江苏巡抚代理两江总督来到南京，于聚宝门(今中华门)外大报恩寺东、南筹建了金陵机器制造局(简称金陵制造局)，征地建造厂房数十间，主要有机器正厂、机器右厂、机器左厂、炎铜厂、木厂大楼等，初期有各类工匠200余人，主要生产枪炮子弹和炸药等军用物资。抗日战争时期西迁重庆，继续生产前线急需的军械物资，抗战胜利后迁回南京。南京解放后，改称华东军械总厂。1952年底，山西长治三〇七厂(太行山兵工厂)搬迁南京并与晨光厂合并，称国营三〇七厂。1957年4月，采用国营晨光机器厂作为第二厂名，对外公开使用。南京人所称“晨光厂”和“307厂”就是这么来的。1996年更名为南京晨光集团有限责任公司。2007年，工厂部分厂区变身“1865创意产业园”。

厂区内现存大量的历史建筑。有1881年建的炎铜厂、卷铜厂，1883年和1885年建的熔铜房，1895年建的木厂大楼和机器大厂等，还有民国时期的厂房及办公用房仍在使用。早期的机器正厂、机器右厂和机器左厂虽已拆迁，但建厂标牌仍保存在拆迁后的厂房门额上，这些标牌上分别注明同治五年(1866)建机器正厂、同治十二年(1873)建机器右厂、光绪四年(1878)建机器左厂。这批活的历史文物，使金陵机器制造局成为名副其实的近代中国工业建筑的“陈列馆”。

对于李鸿章个人的历史评价毁誉参半。论功劳，李鸿章是洋务运动的主要领导人之一，与曾国藩、张之洞、左宗棠并称为“中兴四大名臣”；论过错，因其代表清政府签订了一系列不平等条约，加之个人贪腐、决策失误等问题，也招致诸多批判。但签订不平等条约的罪过，不应该只算在他一个人头上，他并不是最终的决策者，也是在极不情愿的情况下出任谈判代表的。

1901年11月7日，李鸿章在北京病逝，享年79岁。李鸿章死后，清廷赠官太傅，晋封一等侯爵，谥号“文忠”，并赐白银五千两治丧，同时在其原籍及立功省相继建祠祭祀。南京的李公祠建在四条巷77号，当年李鸿章与太平军作战攻占南京后，就在这里办公。李公祠原有四进，主房24间，厢房24间，大小照壁各1座，御碑1块。花园、鱼池、亭台、楼榭、回廊一应俱全，现只剩大殿、门厅和照壁。目前该祠堂主体建筑已完成修缮，不久将对外开放。

蒋百万与蒋寿山故居：老门东的深宅大院

南京老门东三条营有处蒋寿山故居，其主人叫蒋春生，是晚清南京著名的富商。他是淮阴清江浦人，生于清道光八年(1828)，家中贫寒。据说小时候给人家看驴子，后来靠赶毛驴发家致富，因此南京人又称他为“蒋驴子”，又因他十分富有而称其为“蒋百万”。

笔者近期在荔枝新闻上看到一篇文章，题目叫《清末南京巨富“蒋百万”发家靠赶驴和太平天国宝藏？不存在!》作者经过多方采访和考证，认为蒋家致富跟毛驴生意并无关系，央视《天国猎宝》节目也指出：“蒋驴子因太平天国宝藏而一夜暴富故事的真实性，缺乏证据支持。”现将这篇文章摘录如下：

蒋氏家族过去并不是很富有。清代咸丰年间，蒋家传到蒋春生这一辈，才开始转运。蒋春生勤奋创业，以运输官盐起家，赚到了“第一桶金”。那时太平天国刚刚灭亡，南京市面上物资匮乏，对商人来说是个良机。蒋春生及其家人又与人合作，开设“春生鉴号”，转战缎业，并且兼营典当行业。蒋氏旗下经营的素缎，力求工精质细，品色优良，“春生鉴号”的生意越做越大，市场遍及江西、湖北、湖南、四川、云南、贵州多个省份，积累了巨额的财富，蒋春生也最终成为南京巨富“蒋百万”。至于为什么蒋家的致富与毛驴扯上关系，也许这和蒋家一贯的低调行事有关。蒋家的发家史一直是个谜，因此引起当时社会上的种种猜测，并诞生了一些传说。蒋氏后人每次听到这些传说，总是斥之为“荒谬”。

据介绍，“蒋百万”（蒋春生）有五个儿子，分别是蒋长城、蒋长恩、蒋长洛、蒋长松、蒋长泰。有研究表明，蒋长城就是蒋寿山，也就是老门东三条营蒋家巨宅的真正主人。蒋长城这一代是蒋家发展的全盛时期，他在汉口开设春源油行，在南京开设德大酱园，在六合有广大油坊，都具有一定规模，经营也很出色。

发达富贵后的“蒋百万”不忘回馈社会，不仅施舍民粥和扶危济贫，还出资兴办南郊义学，建息心亭殡舍。无论在南京还是外地，蒋家常年救灾赈贫，散衣施药，干了数不清的好事，赢得了极好口碑。蒋百万的长子蒋长城，字寿山，他为人善良，常常捐资修桥铺路，赈济施舍，大做善事。光绪元年(1875)，为解决城南地区常年淹水之患，他响应清政府号召慷慨解囊，修建了一条排水沟，即官沟。至今，故居的墙壁之上还有一块碑刻记载此事。三子蒋长洛以家庭的财力办起一所中学——“钟英中学”。抗战时社会上有“要当兵，进钟英”的美誉。钟英中学至今依然存在，为社会输送了大量人才。

“蒋百万”的慷慨慈悲得到了应有回报。传说一次大水即将淹没位于湘潭的蒋家盐栈，眼看着装满盐的麻袋即将被冲走，而一时间工人们不能及时赶到，附近的船民就不约而同赶来帮忙，他们说“此蒋公盐，不可坐视，愿代运之武昌”。为了表彰蒋家乐善好施、热心公益的善举，清廷赐封蒋宅名为“积善堂”，蒋宅门前的巷子也因之名为“积善里”，朝廷赐建牌坊“积善里”。“积善里”顾名思义就是行善积德之地，该地名的来源和蒋家有关。

如今在老门东三条营积善里小巷中，有一片保存较好的晚清时期的大宅院，这就是十九世纪后半叶，南京城首富“蒋百万”的故居——积善堂所在。故居坐北朝南，共有二路七进，从第一进到第七进越来越高，寓意步步高升。“蒋百万”在南京有多处房产，其中最具特色的是这座故宅，原有房屋九十九间半，两个院落，有轿厅、大厅、楼房和外园，以风火墙相围。考证它的建造时间，可以追溯到光绪三年(1877)，据说它的建造者就是“蒋百万”。

傅善祥与傅善祥故居：女状元的人生故事

在南京老门东三条营西头与上江考棚的交接处，有一座傅善祥故居。傅善祥是中国历史上第一位也是唯一的女状元。太平天国癸好三年(1853)开创科举女科，傅善祥高中鼎甲第一名。尽管这个“状元”含金量不足，也不被清政府承认，但人家毕竟是正儿八经经过考试取得的。此前中国历史上从未有过女子参加科举考试，更没有出现女状元的先例，所以太平天国还是做了一件开风气之先的事情。

傅善祥是南京本地人，父亲是秀才，但科举屡试不第，靠捐钱当了个小吏，在清朝官府混口饭吃。傅善祥出身书香门第，擅长文辞，熟读经史，知书达理。在当上女状元之前，她有过一段不幸的婚姻。傅善祥13岁时父亲病逝，家境衰败。为了减轻生活压力，哥哥把傅善祥送到地主李氏家当“童养媳”，她的丈夫才6岁，还是个小孩。“小丈夫”身体不好，没几年就得了麻疹病逝，他们尚未圆房。没了丈夫，李家人自然就不待见“童养媳”，打算把她卖给别人家换点钱财。

1853年3月19日，太平军攻下南京并将之更名为“天京”，作为天国的都城。傅善祥对包办婚姻本就不满意，又听说太平军倡导男女平等，便加入了太平军。1853年春末，洪秀全颁布诏书开甲取士，同时打破常规增加“女科”，这在中国历史上是破天荒的。当时参加科考的男女士子有600多人，男科女科试题一样，均为“太平天国天父天兄天王为真皇帝制策”。傅善祥考中女科鼎甲第一名，成为女科状元。据说当年洪秀全赐给她的状元府，就建在上江考棚一带。

当了女状元后，傅善祥究竟是靠能力吃饭，还是当了“花瓶”，还是二者兼而有之，史籍上也有不同说法。据说考中状元三天后，杨秀清亲自点将把傅善祥招进东王府，任命为“女侍史”，负责东王诏命的起草以及文献的整理，后又升任“簿书”，帮助杨秀清批阅所有来往的文件、书札，有传说她自此做了杨秀清的情人。2010年，一篇名为《东王杨秀清的后裔及衣冠冢》的文章披露了以下信息：“杨秀清与傅善祥生下一个儿子，名叫杨丙昭。天京事变时，杨秀清的妹妹带着侄子逃到浙江，定居下来并生育后代。”傅善祥是否生下儿子，是否有个叫杨丙昭的孩子，以及是否真的逃到浙江定居，这些说法都有待证实。但傅善祥当年受到高度重用，以及东王对她的恩宠恐怕也是事实。

傅善祥的办事能力比较强也是事实。洪秀全曾几次向杨秀清打招呼，借傅善祥处理政务，她每次都出色完成了任务。1854年3月，洪秀全破格任命傅善祥为“恩赏丞相”，位列州司座次，隶属天王府六部，主要职责仍旧是辅佐东王处理政务。傅善祥以其特殊的身份，为太平天国前期的稳定与发展做出了贡献，当时官场曾有“武有洪宣娇，文有傅善祥”之说。

1856年天京事变之后，傅善祥下落不明。关于她的去向，坊间流传有若干版本。其一，在乱军中被杀，尸体被抛入大江之中；其二，有幸逃脱了这场劫难，组织东王府的残余人马，与翼王石达开联合攻打北王府，为杨秀清复仇；其三，被北王韦昌辉下狱，又被洪宣娇派人营救，后嫁给慕王谭绍光。谭在苏州被手下加害的消息传到天京后，傅善祥忧郁而死；其四，与在东王府里从事文牍工作的何震川渐生爱意，两人在太平天国失败后，双双隐姓埋名，在上海的小里弄里终老一生；其五，傅善祥出家为尼，在金陵一间尼姑庵里剃发，了断红尘；其六，傅善祥逃脱劫难，从此隐居于浙江诸暨山里的三界尖。在龙门脚的岩石上，至今还留有“状元岭”三字等等。

马新贻与马台街：从“奇人”到“奇案”

南京城北有条马台街，南起湖南路，北至新模范马路，因清末两江总督马新贻居此而得名。民间以总督的通称“制台”，再结合他的宅邸“马府”为名，称该街道为“马制台府街”，简称“马台街”。在清末错综复杂的官场上，马新贻始于“奇人”，终于“奇案”。

马新贻在清代官场上可以说是个“奇人”。在清末的官场上，他就像开了挂一样，仅用了 18 年时间，就从七品知县升迁到了从一品总督。1847 年，马新贻以“三甲第六名”的成绩被赐“同进士出身”，并被授予“即用知县”。清代的进士通常需要先在翰林院继续学习三年，才能被封实职，“同进士出身”的马新贻能获如此重用，可见绝非等闲之辈。《清史稿·列传一百十三》详细记载了马新贻“起步于正七品知县，官至从一品总督”的仕途升迁过程。马新贻奇就奇在看似文弱的读书人，但他的几乎每一次升迁，都是因为战功卓著。清朝地方的各级官职他几乎都干过，从未被越级提拔，可算是一步一个脚印。因镇压太平军有功，马新贻从知县、知府、署理按察使、布政使、巡抚，一路干到了闽浙总督、两江总督，成为清廷名副其实的封疆大吏。

俗话说“爬得越高，摔得越重”，在马新贻人生最辉煌的时候，这句话得到了应验。发生在他身上的这桩奇案，要从他当总督时说起。清末慈禧太后起用马新贻出任闽浙总督、两江总督，就连李鸿章也觉得不太合适，理由是他的资历太浅，提拔太快。其实慈禧用他是别有一番用心的。闽浙、两江是曾国藩经营多年的地方，在镇压太平天国运动中，曾国藩立下了大功，也培养了几十万只听命于他的湘军。慈禧太后将并非湘军出身的马新贻提拔为闽浙总督，后又调任两江总督，目的是要在曾国藩的地盘上安插一枚棋子，负责监视湘军的一举一动，对湘军集团进行制衡和打压。除此以外，慈禧太后还想通过他，秘密调查太平天国圣库宝物的下落。而曾国藩更不是等闲之辈，老谋深算的他无论从官职上，还是权势和手段上，都要高出马新贻几个等级。然而，马新贻无法违逆慈禧的旨意，干过一些诸如裁撤湘军之类制衡曾国藩的事情。

果不其然，1870 年 8 月 22 日，马新贻在总督府右箭道例行阅军，在返回总督衙门后院门口时，突然遭到刺客张汶祥的杀害。此案疑窦重重，广为流传，成为晚清的四大奇案之一。当时的朝廷和民众普遍认为，张汶祥刺杀马新贻一案，并不是表面上那么简单，背后一定有曾国藩本人或者湘军将领的指使。为了查明事情的真相，揪出幕后的指使者，慈禧太后先后派出了多批审讯官员，对张汶祥进行严厉审讯和调查，张汶祥口中不停地叫喊："养兵千日，用兵一时""大丈夫一人做事一人当!"最终还是没能从他那里拿到跟曾国藩有关的真凭实据。慈禧因担心湘军造反而不敢继续刨根问底，此案最终以个人恩怨导致的仇杀结案。马新贻之死，是曾国藩暗中与慈禧太后角力的后果，马新贻作为棋子，最终还是当了上层权力斗争的牺牲品。

胡恩燮与愚园：藏在老门西的风景

愚园位于南京城南集庆路鸣羊街胡家花园1号。愚园又称胡家花园，是晚清著名的江南园林，园主便是胡恩燮。从不大的园门进去，左侧为外园，以山丘、愚湖为主；右侧为内园，以假山、厅堂等建筑为主。

愚园原为明代徐达后裔魏国公徐俌的别业，称为“魏公西园”。据史料记载，后来徐氏后人家道中落，西园转让给了一汪姓徽商，明末又易主南京兵部尚书吴用光。1874年，苏州知府胡恩燮辞官回到南京，为侍奉老母买下此园。四年后愚园建成，胡恩燮奉母居住其中，并将该园命名为愚园。因此园类似苏州狮子林，人称“金陵狮子林”。胡恩燮将此园取名愚园，无外乎表明“自以为愚，不仕归隐”的心迹，又寓“大巧如拙，大智若愚”之意。

愚园最初设景三十六处，最大的特色就是以水石取胜，素有“城中佳胜眼为疲，聊觉愚园水石奇”之誉。其中最负盛名的为南京状元朱之蕃题名的“六朝松石”。石分二块，各名“紫烟”“鸡冠”，宋梅挚诸人刻诗于上，石旁有一栝子松（古柏）为宋时之物。辛亥革命时，南京成为战火之地，愚园损毁较为严重。1912年3月，孙中山辞去临时大总统职务即将离开南京，南京临时政府各部总次长、卫戍总督、各军师旅司令官，就是在愚园为孙先生举办的饯别会，可见当时愚园仍旧是达官显贵聚会的场所。

1915年，胡恩燮子嗣胡光国重修愚园并进行了扩建，增设三十四景，故有前后七十景之说，愚园景色达到极盛。据《南京文物志》记载：“愚园经胡家后代变卖而逐渐解体。日军侵华时地面建筑遭到极大破坏。现假山全部被毁，仅存瓦屋数椽、垂柳数行、浅水一泓而已。”至此，胡氏跨越两朝、三代经营的愚园，在战争的破坏下成为一片荒芜之地。1957 年，愚园残存的假山被陆续运至瞻园和白鹭洲公园等地，愚湖则成为附近居民的浣洗之处，也是附近孩子玩耍的场所。“文革”期间，愚园仅存的一些书画、家具被洗劫一空，沦为杂居棚户区。

2007 年底，南京市启动愚园地块保护与更新工作。2016 年 5 月，历经五年修缮的愚园正式对外开放，为南京人增添了一处游览休闲胜地。如今来此观光的人流不息，尤其拍摄婚纱照、外景照的年轻人更是络绎不绝。

黄思永与黄状元巷：京师大学堂的首倡者

黄思永是光绪六年(1880)庚辰科状元，也是南京历史上的最后一位状元。黄思永生于清道光二十二年(1842)，祖籍安徽休宁。后举家迁到南京，开了一个油坊，靠卖油为生。据坊间传闻，1853 年 3 月太平军攻克南京城时，黄思永父亲由于惧怕，一时郁结不解，遂领全家老小投入自家油坊的油缸同归于尽。黄思永年幼，被恰好赶到的太平军救下，幸免于难。太平军将他全家尸体从油缸捞起，在黄氏故宅院内掩埋，民间称为“肉丘坟”。

黄状元巷位于长乐路西段北侧，如今已经消失。小巷呈南北走向，东与义兴巷平行，北至瞻园路，南抵长乐路，巷口与南京市第一医院隔街相对。当年黄思永金榜题名时，地方将此巷命名为黄状元巷。1955 年，黄状元巷被南京市一女中征用(即今中华中学校园东侧)，巷子南端于 1958 年拓并为长乐路。据有关民国档案披露，二十世纪四十年代，黄状元巷已很荒凉，道路泥泞，棚户毗连，破败不堪，黄状元的“衣冠冢”尚留存，可见传闻中的“肉丘坟”可能是黄状元的“衣冠冢”。

黄思永中状元后，奏请光绪帝批准，于仓巷和丁家巷之间的一块地营建“黄状元府”。状元府宅深六进，迎仓巷街门厅宽大，可供停歇车轿，大门内方厅的屏壁上，悬挂着光绪皇帝御赐的匾额，上书“进士第”。院落后面的大厅，矗立四根龙柱，后面一排龙屏风，门上高悬“鹿鸣重苑”金匾(重宴堂)，两边楹联“江夏无双，颍川第一”。

黄思永是著名的改革家，与清代其他状元相比，他善于接受新思维和新事物，积极投身洋务运动。光绪二十四年(1898)，时任起居注讲官的黄思永奏请“自行筹款，设立速成学堂”。同年又奏请由民间筹款，创立京师大学堂(北京大学前身)，均获光绪批准。京师大学堂作为戊戌变法的“新政”之一，其成立标志着中国近代国立高等教育的开端，这是黄思永对中国现代教育的一大贡献。

光绪二十九年(1903)，清政府设立农工商部，黄思永和江苏南通状元张謇被聘为顾问，号称“商部两状元”。二人共同起草有关章程，积极倡导扶持民族工商业，吸引投资者，多开通商口岸，修建铁路，开采矿藏，发行股票债券，兴办工程商行等。

黄思永在京城创办了工艺商局，其产品中尤以景泰蓝铜器最为精巧，曾两次在国际博览会上获奖，市场价高而供不应求。八国联军中美军多次登门欲以高薪聘请黄思永任职，均遭其严辞拒绝。黄思永还创立慈善工厂，安排贫民就业，得到社会广泛好评。不久工艺商局停办，黄思永南归南京浦口，任商埠督办。1914 年卒于上海，享年 72 岁。

在中国第一状元县安徽省休宁县(黄思永祖籍)的中国状元博物馆中，收藏着一件被誉为“镇馆之宝”的珍稀文物，这就是《清黄思永状元卷》。而在南京中国科举博物馆，也保存了一份南京状元黄思永的殿试草卷。草卷长约 3 米，全部为毛笔书写的小楷，字迹清秀。

魏家骅与高岗里：小巷里的慈善家

南京城南老门西有一条明清古巷高岗里。此巷西起花露南岗和鸣羊街交界处，东至殷高巷，全长约 200 米。民国《首都志》载，此处原为明代徐达五公子的西园，曾名五府园，后因此处上坡，故取名高岗里。另说与凤凰台有关，《凤麓小志》称“高岗里，盖取凤鸣之意”，即凤集高岗之意。相传清代即有此巷名，一直沿用至今。

高岗里曾出过一位名人叫魏家骅，高岗里 17、19、21 号就是魏家大院所在。故居大门并不宽敞，内有二路五进，占地 2200 平方米。大院平面布局紧凑，有门厅、轿厅、大厅、对厅、正房、跑马楼、厨房、下房、佛祠、花园，曾经是南京保存最为完整的晚清“九十九间半”。高岗里 22 号原为太平天国一王府住宅，后为曾国藩所卖，江家购得此宅，居住至今。江家的祖上曾为清末江南织造府的六至七品官员，专为官府收购城南一带的云锦。

魏家骅字梅荪，晚号贞士，南京人，是清末“双料进士”。他分别于 1898 年、1903 年两为进士，尤其是 1903 年考取经济特科，此后他一直官运亨通，官至三品大员。民国时期，又曾担任西南地区法院院长。魏家骅一生做了两件事，一是做慈善家，二是做实业家。

《南京人物志》里称魏家骅为“慈善家”。1906 年，魏家骅母亲去世，他丁忧去官，回到江宁。这一年，苏北发生洪灾，魏家骅应两江总督端方举荐，到淮安赈务、修河堤，以工代赈。其间，魏家骅在南京中华门外涧子桥（讹称见子桥）义仓巷创办了“私立义仓”，其宗旨是冬季开办粥厂，施材、半赊材、荒年筹办平粜等，主要以积仓救济贫穷为目的，完全属于慈善性质。城南一带的百姓，也记住了这位慈善家，正如南京著名文人卢前在其所著《冶城话旧》中所言：“客居金陵久者，当无不知魏八先生。”意思是说外地人在南京住久了，也会知道魏家骅这个人。

1922年，“世界红卍字会南京分会”在南京创办，会址设在大香炉，魏家骅被推举为负责人。此会的主要职责是赈灾、掩埋、救护、施药、施材、施衣、施米、施粥，并设有货物救济处，在魏家骅的主持下，成为民国时期南京知名的慈善团体。1931年夏天，长江流域发生特大水灾，国民政府设在南京的“江宁查放局”由魏家骅、苏民生、潘哲人组成，时年68岁的魏家骅挑起赈灾的重担，担任查放长，洪灾救济过程中起早贪黑，因“昕夕筹划，因以致疾”。他还在南京上新河兴建孤儿院，吸纳穷人子弟入学等。

魏家骅还是个实业家。1931年4月改组成立的南京市商会，一致推举魏家骅担任会长。他积极投身民族工业，创办了“魏广兴”缎号，以产品质量上乘行销全国。正如卢前所说：“今吾宁缎业已衰，旧日所谓账房者，渐次零落，惟高岗里魏广兴巍然尚在，亦可谓积善之家有余庆矣。”到1937年时，“魏广兴”缎号有机数150架、工人450人。这样的规模，仅次于胭脂巷的“李久大缎号”而名列第二，在民国南京缎业占有一席之地。据民国《中国现代实业志》透露：“魏广兴丝织厂，每年产量在2000匹，每年产值80000元。”

魏家骅晚年得子，他告诫独子要“以诚敬为本，能修能戒，则为君子为善人”。1932年夏，魏家骅因病不幸去世，终年69岁。

陈三立与头条巷：中国最后一位传统诗人

头条巷如今是一条很不起眼的背街小巷，位置在中山东路逸仙桥西南。以前的头条巷很长，北至英威街，南到常府街，二十世纪初，中国近代诗人陈三立的居所“散原精舍”就在这条巷子的中段。直到二十世纪八十年代，“散原精舍”还有几栋小楼和花园的遗迹，因建居民小区而被拆除，如今已无迹可寻。

陈三立，号散原，1853 年生，江西义宁(今修水)人，文化界称呼其为陈散原。陈三立是标准的官二代，其父是湖南巡抚陈宝箴，相当于现在的省长。陈三立也非等闲之辈，他年少博学，才识通敏，光绪十五年(1889)考中进士，官吏部主事。戊戌变法时期，协助其父在湖南推行新政，革除时弊，兴办实业。戊戌变法失败后，父子同被朝廷革职，自谓“凭栏一片风云气，来做神州袖手人”，从此无心仕途。民国时期虽有袁世凯、蒋介石等请他出山，均被婉拒。

1900 年，陈三立携全家自南昌移居南京，在这里定居了 10 年。最初陈家租住在鸽子桥畔的珠宝廊(今白下路)。后得湘籍绅商资助，买下了西安门外头条巷的一座宅院，将房子略加修建，设置花园，添建了假山水石，取名为“散原精舍”。1911 年陈家离开南京后，散原老人曾多次回到南京短期居住，他的妻子俞淑人于 1923 年卒于头条巷“散原精舍”。陈三立曾赋诗《步门前菜圃，看晚食于露地者》：“麦屑香浮野菊根，分羹擎钵倚篱门。为言乱后头条巷，淘米人家一二存。”

1903 年，陈三立让出寓所后院作校舍，赞助柳诒徵、陶逊创办了“思益小学”。在校学生除自家子弟外，还有亲戚家的子弟如茅以南、茅以升兄弟等。思益小学是南京第一所新式小学堂，也是中国最早的新式小学堂之一，甫一问世，“整个东南一隅为之震动”。时任两江总督端方曾亲临小学视察，并赠学生每人文房四宝一份，以为嘉奖。

在文学造诣上，陈三立是近代“同光体”诗派的领袖人物。他的诗作意境奇奥，用词精妙，直抒胸臆，因而被当时的人们赞誉为“中国最后一位传统诗人”。陈三立生前曾刊行《散原精舍诗》及其《续集》《别集》，死后有《散原精舍文集》十七卷出版，与谭延闿、谭嗣同并称“湖湘三公子”。

陈三立虽无心为官，却不失文人的民族气节。光绪二十一年(1895)甲午战争后，李鸿章赴日签订《马关条约》，陈三立闻讯激愤异常，曾电张之洞：“吁请诛合肥以谢天下。”二战日本侵华期间，曾经的好友郑孝胥投靠日本，当了伪满洲国的“总理”，陈三立痛骂他“背叛中华，自图功利”。日军侵占北平后，想要寻找一些有影响力和有声望的人与他们合作，派人对陈三立百般游说，皆不应许。侦探日伺其门，陈三立大怒，让佣人拿扫帚将其逐出。从此五日不食，忧愤而死，享年85岁。

在父亲的培养下，陈三立的儿子个个都是文化界的精英，而其中名气最大的，则是学界牛人陈寅恪。陈寅恪出生于湖南长沙，他出生时，祖母黄氏因其生值寅年，故取名寅恪(“恪”为陈家兄弟间排辈，字典上读kè，在陈家读què，陈寅恪自己也读què)。他自少受家学熏陶，早年在国外游学十八年，上过哈佛大学、柏林大学等名校，却从未拿过一张文凭、一个学位。在他眼里，学问是第一位的，文凭只是一张纸。当年清华国学研究院招聘教授时，他一无学位，二无著作，却因学识渊博被破格聘任为“四大导师”之一。

陈寅恪的学问很深，经常有学生向他求问某句话的出处，他闭目说出在哪本书哪一页，一查准没错。他有一套著名的讲课规定“四不讲”，即前人讲过的，我不讲；近人讲过的，我不讲；外国人讲过的，我不讲；我自己过去讲过的，也不讲；我现在只讲未曾有人讲过的。他在清华讲课总是座无虚席，不仅本校学生来听，北大的学生也来听，不仅本校的教授来听，北大的教授也来听，因此被学界誉为“民国第一国学大师”，“公子的公子，教授之教授”，以至于北平的大学生都称陈寅恪为“太老师”。据说梁启超曾这样评价过陈寅恪，我梁某算是著作等身了，但总共著作还不如陈先生寥寥数百字有价值。一身傲气的北大教授、历史学家傅斯年，自从认识陈寅恪之后，同样对他佩服得五体投地：“寅恪之学问，三百年来一人而已。”

张之洞与三江师范学堂：南京高等教育的源头

南京的高等教育有两个源头，其一是1888年美国基督教会在南京创办的金陵大学(1952年并入南京大学)，校址即今南京大学鼓楼校区；其二是两江总督张之洞等创办的三江师范学堂，校址为今东南大学四牌楼校区。其中三江师范学堂(后改为两江师范学堂)影响更为深远，它的开枝散叶，辐射全省乃至全国，南京大学、东南大学等九所高校，至今仍把它作为自己建校的开端。

三江师范学堂创办于1902年，1906年易名两江师范学堂，原因是承担该校出资义务的江苏、安徽和江西三省，其中江西省的款项屡未拨付，造成办学资金困难，因而校名由“三江”改为“两江”，学生名额分配也从三省改为两省。

关于学校的创始人，不止是张之洞一人，而是1902年前后相继担任或署理两江总督的刘坤一、张之洞和魏光焘。

创办学堂的提出者是时任两江总督刘坤一。1902年5月，他向朝廷呈报了奏折《筹备师范学堂折》，考虑到师资和经费，请求开办高等师范学堂，不仅可以为各级学堂培养师资，而且“更可比办高等学堂经费减省一半”。可惜刘坤一于当年9月不幸病逝。1902年11月，张之洞临时署理两江总督，是学堂创建的运筹设计者。1903年2月，他向朝廷呈报了《创办三江师范学堂奏折》，虽然他署理两江总督前后不到四个半月(他本身是湖广总督，两江仅是临时代理)，但三江师范学堂的创立，却是他署理期间的最大政绩。上任伊始，他便开始筹建该校，饬令有关官员着手选址、购地、遴选工匠和估算造价，专调湖北师范学堂长胡钧参与筹建，派人赴日考察，招聘日本教习和中国教习等。

魏光焘是学堂开办的组织实施者。他 1903 年 3 月到任后，除继续招聘教习外，还组织学堂工程建设，协调开办巨额费用，制定《三江学堂章程》等等。1903 年，三江师范学堂暂借江宁府公房挂牌正式开办，1904 年 11 月 26 日学生正式开学，校址迁至北极阁前的明国子监遗址（现东南大学四牌楼校区），这是南京历史上第一所官办的新式师范学堂。

张之洞在学堂创办中全力以赴，周密规划，保证了在其离任后，学堂的筹建工作按部就班地进行，因而后人均以张之洞为三江师范学堂的主要创办人。1906—1909 年出任两江总督的端方，在他关于两江师范学堂的奏折中，均冠以“两江师范学堂经前督臣张之洞创办”之语。

三江师范学堂建立后，经历了两江师范学堂、南京高等师范学校、国立东南大学、国立第四中山大学、国立江苏大学、国立中央大学、国立南京大学、南京大学的校名演变过程。1952 年，在全国高校院系调整中，南京大学发生了巨大变化：

南京大学调整出工学、农学、师范等部分院系后，与金陵大学文理学院等合并，仍名南京大学，校址从四牌楼迁至鼓楼金陵大学原址；

南京大学工学院主体独立为南京工学院（今东南大学），校址为四牌楼校区；

工学院水利系和兄弟院校组建华东水利学院（今河海大学）；

工学院的航空工程系与交通大学、浙江大学的航空系合并，组建为华东航空学院（今西北工业大学），剩下系科分别组建江南大学、江苏大学、南京工业大学；

南京大学师范学院独立为南京师范学院（今南京师范大学）；

南京大学农学院和金陵大学农学院合并组建南京农学院（今南京农业大学），农学院农业工程系并入南京工学院，农学院森林系与金陵大学农学院森林系合并，组成南京林学院（今南京林业大学）；

南京大学气象工程系组建南京气象学院，今为南京信息工程大学；

南京大学医学院改称解放军第五军医大学，1954 年迁至西安并入第四军医大学（今空军军医大学）；

南京大学法学院经济系调至复旦大学，法律系和政治系调至华东政法学院（今华东政法大学）；

南京大学文学院哲学系并入北京大学哲学系。

此外，上海财经大学（南大商学院）、北京电影学院（金陵大学影音部）、复旦大学医学院（中央大学医学院）、重庆医科大学、电子科技大学（南大工学院电子工程系有线电部分）、中央美术学院、中央音乐学院（国立中央大学音乐学院）、南京艺术学院、上海体育学院、南京体育学院、中国科学院心理研究所等，均有南京大学（国立中央大学、金陵大学）的血脉相传。从南京大学拆分出来的高校中，有 5 所 985、7 所 211 大学，足见当年南京大学实力之雄厚。

缪荃孙与江南图书馆：中国图书馆事业的开拓者

缪荃孙，晚号艺风老人，江苏江阴人，是中国近代图书馆之父。他于1876年33岁时考中进士，授翰林院编修，此后从事编撰校勘十余年。曾任南京钟山书院山长（院长）、江南高等学堂监督，负责筹建了三江师范学堂，并创办了江南图书馆和京师图书馆。他在南京工作了十五年，此后走遍关内十六省，积聚图书10余万册，对中国近代图书馆事业的发展做出了巨大贡献，1919年12月22日在上海逝世。

江南图书馆旧影

创办江南图书馆是时任两江总督端方的主意。1907年他奏请清廷批准后，聘请翰林院编修缪荃孙为总办（馆长），负责筹办建馆事宜。缪荃孙相中了清凉山下乌龙潭旁的龙蟠里9号大院，这里原是两江总督陶澍的宅第“盋山园”。陶澍认为培养人才应以办书院为先，于是奏请朝廷在自己的园内四松庵的旧址上辟建书院，取名“惜阴书舍”，出自东晋陶侃的“大禹圣者，乃惜寸阴，至于众人，当惜分阴”。缪荃孙在这里兴建了书库两幢共44间，珍藏宋、元、明、清秘籍珍本，名家批校本、精抄本共达5万余册。经三年筹建，于1911年11月正式对外开放阅览，定名为江南图书馆，是中国第一所公共图书馆。朱自清在他的散文《南京》里就曾写道：“若要看旧书，可以上江苏省立图书馆去。这在汉西门龙蟠里，也是一个角落里。这原是江南图书馆，以丁丙的善本书室藏书为底子；词曲的书特别多。”中华人民共和国成立后，江南图书馆与南京图书馆合并，现为南京图书馆特藏部。

1908年，日本藏书家正觊觎杭州丁丙“八千卷楼”的60万卷藏书。为防国宝流失，端方与缪荃孙火速奏请朝廷筹款7.3万元，将丁丙藏书全部购回。八千卷楼除有宋本40种左右、元本约百种之外，明刻精本、《四库全书》底本、名人稿本和校本、日本和朝鲜所刻汉文古籍等较多，而且其中很多都曾为明清藏书家所递藏，极其珍贵。此外还收购了武昌范氏“月槎木樨香馆”的藏书4557种。书籍购回后，缪荃孙在城南老门西的颜料坊86号建了一座“艺风楼”，用来珍藏这些书籍和古董。“艺风楼”拆迁时，这些图书分别收藏于江南图书馆、上海图书馆和北京图书馆。

1909年，缪荃孙受聘北上创办“京师图书馆”（今中国国家图书馆），并出任第一任馆长，江南图书馆则由著名图书馆学家柳诒徵接任馆长。为了发扬陶侃“大禹圣者，乃惜寸阴”之苦学精神，继承恩师缪荃孙（字艺风）的遗志，柳诒徵将该馆藏书楼正式命名为“陶风楼”，并邀政要谭延闿立书匾额一幅悬于堂前，还亲撰《陶风楼记》，以铭记“陶风”之名的由来及在那不平凡的岁月艰辛建馆的历程。

缪荃孙、柳诒徵都悉心保护祖国文化遗产，爱惜人才，特别是柳诒徵创订的《住馆读书章程》，为外地学子住馆苦读提供了方便，从而成就了一大批学者，如复旦大学副校长蔡尚思、江苏省教育厅长吴天石等。蔡尚思住馆苦读一年多离开时，柳诒徵特撰“开拓万古心胸，推倒一时豪杰”条幅相赠，后被学界传为美谈。胡适、蔡元培、徐悲鸿都曾在此住馆阅读。鲁迅在南京时也常来此阅读，其中《谢氏后汉书补逸》之《湘中怨》《异梦录》《秦梦记》三篇均被鲁迅全部抄录，编入《鲁迅全集》之《唐宋传奇集》中。现南图特藏部珍藏的《谢氏后汉书补逸》善本扉页上，还留有鲁迅当年亲笔题记：“壬子四月假江南图书馆藏写出，初五日起，初九日讫，凡五日”，使其成为馆藏珍品中的珍品。

鲁迅与江南水师学堂：
青年鲁迅的求学之路

鲁迅是浙江绍兴人，一辈子的工作与生活，大多在北平和上海。也许不为人知的是，青年时期的鲁迅曾经在南京读过三年书。当年他在南京的求学经历，就是从江南水师学堂开始的。

江南水师学堂旧址在今中山北路346号，又称南洋水师学堂、江宁水师学堂，后来是国民政府海军部旧址，如今这里是南京724研究所所在地。每次经过这里，其沿街的牌坊式建筑总是那么显眼，又是那么古朴，总能给人留下深刻的印象。

1890年，两江总督曾国荃在此创设了江南水师学堂。学堂共有校舍72幢461间，当年9月正式开学。所设专业分为驾驶、管轮两科，每科又分头、二、三班，全程学习需六至七年，毕业生择优送英国留学。辛亥革命后，该校改名为海军军官学校；1925年江南水师学堂停办；1928年这里是国民政府在行政院军政部之下设立的海军署；1929年改为海军部。虽然学校存在时间不算长，但为中国海军培养过一些骨干人才，比如民国海军总长林建章、海军总长与代总理杜锡珪、黄花岗起义领袖赵声、海军舰队司令陈季良、海军部部长陈绍宽等人。周树人(鲁迅)、周作人兄弟也曾在江南水师学堂就读过。

鲁迅兄弟俩之所以报考江南水师学堂，出于两方面原因：一是因为鲁迅的父亲早逝，家道中落，无力供养他们继续读书，而水师学堂不收学费，正好符合他们的需要；二是因为他们的叔祖周庆蕃就在该校工作。鲁迅于1898年被该校录取，17岁的鲁迅依“百年树人”之意，将自己的原名周樟寿，改名为周树人。江南水师学堂的功课分为“堂课”和“船课”

（实习），鲁迅进的是管轮班，不过那时的江南水师学堂已在走下坡路了。鲁迅在《朝花夕拾》之《琐记》中这样写道：“总觉得不大合适，可是无法形容出这不合适来。现在是发现了大致相近的字眼了，‘乌烟瘴气’，庶几乎其可也。只得走开。”这是仅在江南水师学堂待了几个月的鲁迅给出的评价。

导致鲁迅不久退学大概有两个因素：一是学堂的思想守旧，压制学生的进步思想；二是学堂的学风不好。有的学生无心学业，荒废功课，起哄闹事等。同年 11 月，鲁迅因不满校风而退学，从入学到退学仅待了不到三个月。不久，鲁迅转入此校附近的江南陆师学堂附设的矿务铁路学堂。当时学堂的总办是一个主张维新的新派人物，也正是在这里，鲁迅开始接触了新思想，解放了头脑，开拓了视野，为他后来做出赴日留学决定埋下了伏笔。

1902 年，鲁迅作为采矿地质班唯一获得金质奖章的学员，以一等第三名的优异成绩毕业。毕业后，鲁迅赴日本留学，结束了他在南京的学习生涯。

李纯与英威街、公园路：死因不明的英威将军

李纯对于今天的南京人来说籍籍无名，但他留下的英威街、公园路这两个地名熟悉的人很多，尤其是公园路，如今是龙蟠中路其中的一段，南起大中桥十字路口，北至瑞金路十字路口。

李纯，字秀山，天津人，毕业于天津武备学堂第二期。毕业后投奔袁世凯的新军，是北洋政府直系军阀，长江三督之首。曾参加过镇压武昌起义，被袁世凯的北京政府授为陆军中将，之后担任过陆军第六师师长、江西都督、江西督军等职，1917 年调任江苏督军。1920 年猝死于江苏督军公署(一说自杀)，年仅 46 岁。关于其死因有不同的说法，官方说是他忧国忧民自杀身亡，还有说法是他因为桃色事件，遭到手下的谋杀。说是因后一种说法不够光彩，就杜撰了前一种说法来掩盖真相。

李纯在政治上是个见风使舵的人。清政府时期镇压革命，后拥护袁世凯称帝，倒袁之势渐起后又投入直系，在直皖派系斗争中支持冯国璋“和平统一”。李纯曾被封为“英威上将军”。1921 年，在南京城东几十亩旗地辟建“秀山公园”，园内又建“英威阁”，又在天津街荒坟堆上建一宏大“英威祠”（后为逸仙桥小学），同时又把天津街易名“英威街”。

英威街位于西安门西侧，是玄津桥往西的一条街，东起玄津桥，西至五老桥，与今天的中山东路平行。明清时期叫西华门大街，因直通宫城的西华门得名。大臣们上下朝时，是从西安门(皇城城门)进西华门(宫城城门)的重要通道，曾经繁华一时。辛亥革命后李纯居此，李死后其部属于 1925 年在此建英威祠，此街遂改名英威街。二十世纪八十年代以后该地段改造，英威街不复存在，不过七八年前笔者曾见到街牌还在。

秀山公园是为纪念李纯(字秀山)而建的，位于常府街复成桥东，明故宫南部，今瑞金路西段往南至公园路体校一带，曾是秀山公园的所在。此地最早名“韬园”，是由清人蔡和甫(曾任上海海关道宪，一度为驻日大使)于1909年在明宫护城河辟建，意为蔡氏在此“韬光养晦”。1921年在原韬园基础上重建公园，并在公园旁建起了南京最早的体育场“江苏省立南京公共体育场”(今公园路体育场)。当年从常府街过复成桥，即可见公园牌楼上“秀山公园”四个大字。秀山公园面积甚广，北占原明故宫的社稷坛，南占五军都督府及通政司、锦衣卫、钦天监等明初高级机关的所在地。公园为中西合璧式，园内建有英威阁，楼台亭阁错落有致，山石玲珑，溪水汩汩，清旷幽静。

南京第一公园(秀山公园)旧影

1927年国民政府定都南京后，将秀山公园更名为南京第一公园，并在园内东北隅，增建国民革命军讨伐孙传芳阵亡烈士祠及纪念碑、纪念塔等。英威阁东有孙中山的遗嘱室，西有奏乐亭，成为民众凭吊先烈的重地。蒋介石每年都与政府文武官员来此祭奠阵亡烈士，并常在这里进行各种政治、社会活动。如1930年国民政府行政院院长谭延闿病逝后，灵堂就设在英威阁，次年的国葬典礼也是在这里举行的。当时公园内还建有一座小型动物园，有骆驼等动物供市民观赏。1937 年南京沦陷后，第一公园被日军夷平作明故宫飞机场。中华人民共和国成立后，遗址北半部为金城机械厂(511 厂)，南半部为体育大厦和公园路体校，仅留下公园路的地名使用至今。

徐绍桢与三十四标：光复南京第一人

对于徐绍桢，今天的人可能不太了解，但在辛亥革命中，他却是光复南京第一人。徐绍桢是广东番禺人，明朝开国元勋、中山王徐达的第 14 世孙，1894 年中举，1904 年任新军第九镇统制。

清末，由于内忧外患，清政府下决心编练新式陆军，也就是“新军”，最有名的是由袁世凯主持的天津小站练兵。新军完全模仿西方军队(主要是德国陆军)的编制、训练和装备。1904 年，清廷决心在全国编练 36 个师，按各省的人力物力和军事地位的重要性进行分配。一般来说，清朝新军每一个镇(师)的兵员为 12500—12600 人，由步、马、炮、工、辎重等兵种组成。每镇辖步兵两协(每协 4038 人)、马标(1117 人)、炮标(1836 人)、工兵营(667 人)、辎重营(764 人)、军乐队(51 人)。每协辖两标，每标 2005 人。每标辖 3 营，每营 659 人。营分 4 队，每队分三排，每排分三棚，每棚 14 人。镇、协、标、营、队、排、棚的首领分别称作统制(即师长)、协统(即旅长)、标统(即团长)、管带(即营长)、队官(即连长)、排长、正目(即班长)。

1904 年，两江总督魏光焘在江苏地区开始招募、编练新军。继任两江总督周馥最终编成一个镇(相当于今师级)的新军，其番号为“第九镇”，由徐绍桢担任统制(师长)。第九镇下辖十七协(即十七旅，协统名叫孙铭)、十八协(即十八旅，协统名叫杜淮川)。十七协下辖三十三标、三十四标。由于南京是当时两江总督管辖地区的中心，因此第九镇的部队大部分驻扎在南京，包括第九镇司令部、十七协司令部、三十三标、三十四标、第九镇直属马队第九标(即骑兵第九团)、炮队第九标(即炮兵第九团）、辎重队第九营以及宪兵、工程等部队。而十八协则驻镇江，其下辖的三十五标驻镇江，三十六标驻江阴。第九镇兵力定额为12512人，因徐绍桢编练有绩，治军有方，第九镇被称为“新军模范”。

1911年武昌起义爆发后，10月同盟会范鸿仙、柏文蔚等人来南京策反第九镇。11月，徐绍桢率第九镇官兵起义，进攻雨花台失利，不得不退往镇江。徐绍桢遂赴上海与上海都督陈其美、江苏都督程德全、浙江都督汤寿潜，共同组织江浙联军1万多人，并被推举为总司令，策划大举进攻南京。徐绍桢分析南京外围地势及清军之布防，作了进攻南京的周密部署，即亲临前线督战，一举攻克天堡城，控制了战局，南京遂告光复。在这次战役中，作为江浙联军的主力部队，徐绍桢和他的第九镇官兵发挥了重要作用。辛亥革命后，他曾担任过南京卫戍总督、孙中山广东军政府广州卫戍总司令、总统府参军长、广东省省长、内政部部长等职，1933年任国民政府委员。1936年9月，徐绍桢病逝于上海，葬于南京麒麟门外小白龙山，即当年光复南京时江浙联军总司令部所在地。

当年三十三标驻扎在三牌楼妙耳山下，三十四标驻扎在杨公井，炮标和马标驻扎在黄埔路附近，后来这四个“标”均成了街巷名。如今炮标、马标均在今黄浦路3号东部战区大院内，黄浦路上还有个叫马标的公交站名。真实存在的唯有三十四标巷名，位于太平南路杨公井东头，紧邻八一医院。民国时期，军事委员会军事交通技术学校就设在三十四标。1929年10月，国民政府军政部出于国防通讯的需要，在三十四标建立军事交通机械修造厂，内设电信工场。1932年，电信工场扩建成通信工厂，制造少量的有线电零件、电话机及装配5瓦、15瓦无线电收发报机等有线、无线设备，为南京无线电工业之发端。据《南京概况》介绍，淮海战役之前，国民党军的陆军总部曾驻扎在三十四标，后迁广东韶关。此外还有江苏省扬剧团，位于三十四标13号（前身是湖北会馆）。

孙中山与中山陵：伟大先行者的人生归宿

孙中山对南京情有独钟。辛亥革命胜利后，1912 年 1 月 1 日，孙中山在南京就任中华民国临时大总统。三个月后，他辞去临时大总统之职。4 月 1 日一早，便约了胡汉民等人骑马去紫金山打猎。孙中山在攀登到紫金山的中部南坡时，看中了这块风水宝地，他对同行人说："待我他日辞世后，愿向国民乞此一抔土，以安置躯壳尔。"

奉安大典进行中

孙先生于 1925 年 3 月 12 日病逝于北京，曾经在碧云寺停灵四年。1987 年笔者曾到过碧云寺，那里有孙中山先生的衣冠冢，还有孙先生逝世后，苏联捐赠的一具水晶棺。根据先生遗愿，当时的北洋政府下令，国葬孙中山。

孙中山病逝后，孙夫人宋庆龄与孙科等人专程来南京紫金山实地勘察选定墓址。中山陵建造工程于1926年3月12日奠基动工，1929年春建成。1929年5月28日上午，停放在北京碧云寺的孙中山先生灵榇由专列运来南京，沿途每停留一站，都举行了庄严的迎送仪式。抵达浦口火车站后，用专轮运抵中山码头，停灵于丁家桥的国民党中央党部礼堂。

1929年6月1日为奉安大典日。上午4时起灵，下关狮子山炮台鸣礼炮101响，沿途五十万南京市民瞻仰送殡。9时20分，灵车缓缓开到中山陵陵前广场，将灵榇从灵车移上弼舆，9时45分起杠沿石级而上。执绋人员恭扶灵榇入灵堂，举行奉安典礼。由蒋介石主祭，谭延闿、胡汉民、王宠惠、戴季陶、蔡元培陪祭。奏哀乐后，全体行三鞠躬礼，然后献花圈，读诔文。典礼完毕后，孔祥熙率领杠夫将灵榇移入墓室，孙中山亲属与蒋介石等随同进入墓室，率领杠夫将孙中山灵榇奉安于圹内。这时，狮子山炮台再次响起101响礼炮，全国民众停止工作，默哀三分钟。12时整奉安完毕，由孙夫人宋庆龄率领孙科夫妇等将墓门关闭，庄严隆重的奉安大典结束。

孙中山去世后，给南京留下了一系列以“中山”命名的地名。为举办奉安大典，当年在南京主城兴建了专门的迎榇大道——中山大道，自下关的中山码头，过中山桥(如今桥已不在，只留下公交站名)，经中山北路、中山路、中山东路，从中山门出城到达中山陵。这些以“中山”命名的地名至今仍在使用，与矗立在市中心新街口广场上的孙先生铜像一样，是南京人对这位革命先行者永久的纪念。

奉安大典前后，各国政府及海内外人士纷纷赠送了许多珍贵的礼物。之后在中山陵一隅，建有中山植物园，将各国赠送的珍贵植物栽种于园内。上海法国租界工部局所赠送的1500株法国梧桐，栽种在通往中山陵的陵园大道上。如今这条梧桐大道已是树木参天，是南京人以及外地游客去中山陵必到的网红打卡之地。

吕彦直与中山陵：
建筑界一代新星的陨落

吕彦直先生

吕彦直的名字也许人们不太熟悉，不过他在民国建筑设计界却是鼎鼎大名。他是中山陵、广州中山纪念堂和廖仲恺墓的设计者，当年设计建造中山陵时，他只有31岁。他以自己短促的一生，为中国近代建筑史写下了辉煌的一页。

吕彦直，1894年生于安徽滁县（今滁州市），1911年考入清华学堂（今清华大学前身）留美预备部读书。1913年公派赴美国留学，入康奈尔大学。先攻读电气专业，后改学建筑，五年后毕业。回国后寓居上海，从事建筑设计，不久在上海开设彦记建筑事务所，是中国早期由中国建筑师开办的事务所之一。

1925年5月，孙中山先生葬事筹备处向海内外征求陵墓建筑设计图案。他以简朴、庄重的钟形图案，在40多种设计方案评选中脱颖而出，并受聘担任陵墓建筑师，监理陵墓工程。1927年5月，由他主持设计的广州中山纪念堂和纪念碑设计方案再次中标，从此蜚声海内外。

吕彦直的中山陵设计方案构思巧妙，风格独特，融贯中西，得到海内外专家学者的盛赞。业内将此方案的特点，概括为四个方面：一是结构完整，聚散巧妙。结合钟山的形势，把孤立的且尺度不大的牌坊、陵门、碑亭、祭堂、墓室贯穿于一条中轴线上，显得庄严雄伟。二是中西一体，珠联璧合。既合乎中国传统观念，又采用西洋建筑做法，整个建筑群既富有

1929 年 5 月刚刚竣工的中山陵

中华民族特色，而又别具一格。三是气势磅礴，视角见奇。陵墓建筑在山坡上，用 392 级石阶相连，石阶中缀以 8 个平台，上行时只见台阶不见平台，庄严肃穆之感、景仰崇敬之情油然而生；下行时只见平台不见石阶，令人啧啧称奇。四是简朴庄重，寓意深远。建筑古雅纯正，结构朴实坚固，色彩庄重。

在中山陵主体工程施工中，吕彦直拖着虚弱的身体，长期住宿在山上，不分昼夜地在工地巡视督促。为确保工程质量，从选料到监工一丝不苟，终致积劳成疾。1929 年 3 月 18 日，就在中山陵建成的前夕，吕彦直因患肠痈在上海不治离世，年仅 36 岁，使中国建筑设计界痛失栋梁之材。

吕彦直去世后，南京国民政府发布第 472 号褒扬令，全文为："总理葬事筹备处建筑师吕彦直，学事优良，勇于任事，此次筹建总理陵墓，计画图样，昕夕勤劳，适届工程甫竣之时，遽尔病逝，眷念劳勚，惋惜殊深，应予褒扬，并给营葬费二千元，以示优遇。此令。"吕彦直的姑母吕汶为他写下《哭子诗》："土花漠漠又生苔，今日临风一恸来。惟有寻香小蝴蝶，伴儿飞去复飞回。"

陶行知与南京安徽公学：中国人民教育的旗手

陶行知先生

今天的南京白下路193号，是南京三中文濬校区所在。清同治十二年(1873)，为方便安徽学子到南京参加科举考试，由在南京的安徽籍士绅集资，将原在老门东方家巷的上江考棚迁至此地。考棚虽是科举之地，但乡试每三年才举行一次，平时这里既是安徽学子学习的地方，也是在宁安徽人聚会的地方，相当于安徽会馆。之后清政府废除科举制度，上江考棚也失去了存在的意义。1904年，安徽士绅汪菊友等人在考棚基础上，在此创办了安徽旅宁公学，并先后更名为上江公学、安徽旅宁中学、南京安徽公学。

陶行知是安徽歙县人，原名陶文濬，后因欣赏王阳明的知行合一，曾改名为陶知行。后来，他认为“知”和“行”的次序要颠倒过来，行是知之始，知是行之成，便又把名字改成了陶行知。他1914年夏毕业于金陵大学文科，同年秋赴美国留学，先后就读于伊利诺伊大学和哥伦比亚大学。1917年夏归国，先后任南京高等师范学校、国立东南大学教授、教务主任等职。1923年受聘担任南京安徽公学校长，开始践行他的平民教育思想。

陶行知在自撰的《南京安徽公学创学旨趣》中，阐述了学校的办学思想：“有了这种同情的基础，所以我们最注重师生接近，最注重以人教人。教职员和学生愿意共生活，共甘苦。要学生做的事，教职员躬亲共做；要学生学的知识，教职员躬亲共学；要学生守的规矩，教职员躬亲共守。我们深信这种共学、共事、共修养的方法，是真正的教育。”“师生有了共甘苦的生活，就能渐渐的发生相亲相爱的关系。教师对学生，学生对教师，教师对教师，学生对学生，精神都要融洽，都要知无不言，言无不尽。一校之中，人与人的隔阂完全打通，才算是真正的精神交通，才算是真正的人格教育。”他为学校提出三个教育目标：研究学问，要有科学的精神；改造环境，要有审美的意境；处世应变，要有高尚的道德修养。

1927 年，陶行知创办了南京试验乡村师范学校（今晓庄师范学院），两年后辞去安徽公学校长职务，由其同乡、时任副校长姚文采接任。同年安徽公学更名为私立南京安徽中学。1937 年南京沦陷后，在姚文采先生的带领下，学校内迁到安徽屯溪，以安徽中学徽州分校之名坚持办学。1945 年抗战胜利，安徽中学迁回南京白下路。1951 年，与原市立南京六中合并，使用南京六中校名。2011 年，南京三中与南京六中合并，使用南京三中校名。2021 年，南京三中成为独立初中。在陶行知教育思想的熏陶下，这所百年名校培养了一大批优秀的毕业生，其中有率领远征军入缅作战以身殉国的戴安澜将军，有冯玉祥将军之女、国际著名免疫学家冯理达女士，有著名水利专家程良骏，有美籍华人地球物理学家、第一位踏上南极大陆的华人张逢铿博士等。三中女排还七次代表中国参加世界中学生排球比赛，荣获六次冠军一次亚军，代表江苏省参加全国学生运动会，五次夺冠，并且为国家培养了男排国手薛永业、卢卫中，女排国手赵蕊蕊、张常宁、倪非凡等。

陶行知的教育思想，对中国教育界产生了很大影响。他研究西方教育思想并结合中国国情，提出了“生活即教育”“社会即学校”“教学做合一”等教育理念。他特别重视农村教育，认为在三亿多农民中普及教育至关重要。陶行知一生为教育事业奔走，终因“劳累过度，健康过亏，刺激过深”，1946 年 7 月 25 日因罹患脑出血在上海去世，年仅 55 岁。

陶行知去世的次日上午，上海万国殡仪馆挤满了前来悼祭的群众，中共代表团的挽联是：“中国人民教育旗手，民主运动巨星”。1946 年 8 月 11 日，延安各界在中央大礼堂举行了陶行知追悼会，毛泽东送的挽词是：“痛悼伟大的人民教育家”。1947 年，为纪念老校长陶行知周年祭，学校将大礼堂(明恕堂)更名为“行知馆”，介绍陶行知的教育思想和生平事迹，并作为学校的校史馆。1992 年，行知馆被列入南京市文物保护单位。

竺可桢与北极阁气象台：中国近代气象事业的发祥地

南京北极阁是中国近代气象事业的发祥地，北极阁气象事业的诞生和发展，竺可桢先生无疑是首功之臣。竺可桢是中国近代气象学家、地理学家、教育家，中国近代地理学和气象学的奠基者，1929 年起屡次被选任为中国气象学会会长。1927 年，应中央研究院蔡元培院长之聘，在南京北极阁筹建气象研究所并任所长 21 年。在筹建过程中，他经辗转选址，在北极阁之古代日观台遗址，建设了中国近现代第一个国家级气象台。

1928 年 3 月，勘察建台地址并拟定建筑计划，9 月底在北极阁原址上，改建成三层六角形塔式建筑的气象台完工，随即正式开始气象观测。两年后正式绘制东亚天气图，发布天气预报和台风警报，是中国人独立自主发布气象预报的开始。抗战时期，气象研究所几经搬迁，最后撤到重庆北碚，业务工作基本处于半暂停状态。直到 1946 年 8 月，气象研究所迁回南京北极阁，各项工作才重新恢复。1948 年，国立中央研究院评选出 81 位院士，在北极阁举行了第一次院士会议。中华人民共和国成立后，竺可桢担任中国科学院副院长、生物学地学部主任，主要负责地学、生物学领域的学术组织与领导工作。

据史料记载，早在南朝刘宋永初二年(421)，皇家整修华林园时，就在鸡笼山顶(北极阁山顶)建了“司天台”，设专职官员观天象，测风候，提供数据，编制历法。到了元朝，原址复建观象台，至正元年(1341)首次配置了天文学家郭守敬发明的天文仪器。明洪武十四年(1381)，改建为钦天台。到了近代，原钦天监在山上所设观象台的天文观测和研究功能，被转移到紫金山天文台，在北极阁另按比例缩小仿制了浑仪、简仪、主表等。

当年的国立中央研究院气象研究所还开展地震观测业务。1930 年，开始筹建北极阁地震台，1932 年正式开展地震观测，1947 年兴建北极阁地磁台。1949 年后，北极阁一直是江苏气象台所在地，是江苏气象业务服务中心。

2010 年 3 月，在此建成了中国北极阁气象博物馆，这是中国第一个气象专业性博物馆。主展馆设于原中央研究院气象研究所建筑群内，分古代气象、近代气象、当代气象和现代气象科技展示厅四个展区。在景观区，设古代著名气象历史人物群雕和中国三千年气象历史记录浮雕，展示古代气象观测仪器，凝练介绍数千年灿烂的中华气象文明史。北极阁气象台旧址现位于江苏省气象局大院内，建筑物保护良好。

吴贻芳与金陵女子大学：传奇女性的传奇人生

吴贻芳在民国教育界是位传奇女性，是被人以“先生”相称的中国杰出女性之一。她是中国第一批女大学生，第二位女大学校长，毕业的学校是金陵女子大学。1914 年，美国教会在南京创办了金陵女子大学，这是中国第一所女子大学，可谓开民国风气之先。建校初期，租用了南京白下路绣花巷李鸿章花园旧址作为校址。1915 年 9 月 17 日，金陵女大正式开学。

1919 年，金女大的首届毕业生(左二为吴贻芳)

在当时的中国，女子受教育的不多，只招到 11 名学生，基本都是出自家境优裕、思想开放的家庭。当时金女大的学费是 200 元一年，比清华大学每年 40 元学费贵了好几倍，是当时全国学费最贵的大学。同时，金陵女大的教学管理非常严格，到1919年，首届毕业的学生只有5人，其余6人均被延迟毕业。学位以金陵大学名义授予，这是第一届在中国高等院校中获得学士学位的女大学生。办学36年中，金女大一直招生不多，全部毕业生只有999人，人称999朵玫瑰，平均每年不到30人。该校获得学士学位的毕业生可以不经考试，直接进入美国大学读研。

此后校长德本康夫人筹划在宁海路随园一带建造新校园。她聘请美国建筑师墨菲主持设计，参与者中有第一代中国杰出的建筑设计师吕彦直。校园从1922年开工建设，到1923年校舍落成。1923年7月，金女大迁入新建的随园校址，这是一个漂亮的中国古典宫殿式建筑群。1930年金女大更名为金陵女子文理学院。抗战期间内迁至四川成都华西坝，1946年迁回南京。1951年金陵女子文理学院并入金陵大学，后随金陵大学并入南京大学(原中央大学)。1952年全国高校院系大调整中，从南大划入南京师范学院(1984年改名南京师范大学)，原金女大随园校址成为南京师范大学校区。1980年代，吴贻芳推动金陵女子学院复校，1987年3月，依托南京师范大学正式成立金陵女子学院。

金陵女子文理学院学生在图书馆学习

吴贻芳是金女大首届五名毕业生之一，后来成为留美博士，是我国著名的教育家与社会活动家。她 1893 年生于湖北武昌，1916 年被美籍教师诺玛丽推荐，作为特别插班生在金女大学习。1919 年毕业后，任教于北京女子高师。1928 年获得美国密执安大学生物学博士学位，随即给金陵女子大学发出“论文已毕，考试及格，定期回国”的电报，而后回国受聘金陵女大校长，时年 35 岁。1928—1951 年间，她担任金女大校长 23 年，直至金女大与金陵大学合并，可以说她将自己最宝贵的年华贡献给了金陵女大。

1943 年 3 月，吴贻芳组织“中国六教授团”赴美宣传抗日战争，争取美国朝野支持，总统罗斯福盛赞她为“智慧女神”。1945 年，她参加中国代表团出席联合国成立大会，成为在《联合国宪章》上签字的第一位女性。1949 年 4 月 22 日，国民党政府逃离南京，吴贻芳联合各界组织治安维持委员会，维持南京社会秩序，并致电毛泽东，欢迎人民解放军“和平接稷”。中华人民共和国成立后，她先后担任江苏省教育厅厅长、副省长等职。1985 年 11 月 10 日，吴贻芳以 92 岁高龄离世，她终生未婚，为祖国的教育事业贡献了毕生精力。吴贻芳旧居位于傅厚岗 15 号，内设吴贻芳纪念馆，庭院中有吴贻芳半身汉白玉雕像。

赛珍珠与金陵大学：
平仓巷里的外国人

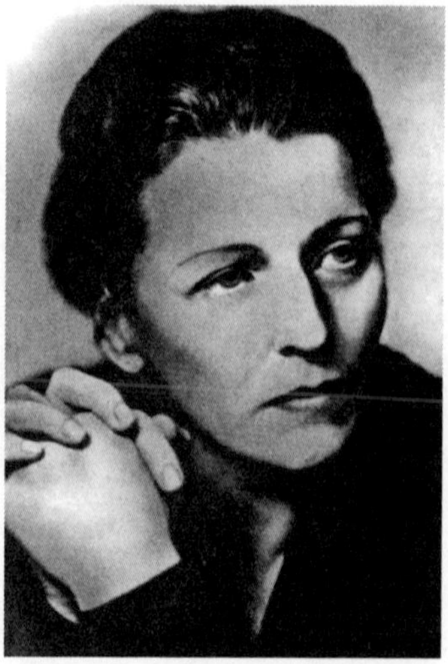

赛珍珠

赛珍珠是美国人，出生五个月就随传教士父母来到中国。她在中国生活了40多年，而金陵大学(今南京大学)是她中国旅途中的最后一站。1919年，赛珍珠随丈夫布克来到南京，受聘于金陵大学(1952年并入南京大学)，布克任农学院教授，赛珍珠任外文系教授。在南大鼓楼校区北园的西墙根下，有一座西式的小洋楼，门牌号码是平仓巷3号，曾经是赛珍珠居住工作过十五年的地方，如今是南京大学赛珍珠纪念馆。在这里，徐志摩、梅兰芳、胡适、林语堂、老舍等人曾是她家的座上客，赛珍珠写出了她的处女作《放逐》《大地》等作品。她还将中国四大文学名著之一的《水浒传》翻译成英文，翻译过程中取得了与徐志摩通信的机会。当时传闻赛珍珠对徐志摩产生了恋情，因徐志摩深爱着林徽因，此事无果而终。

赛珍珠曾在《我的几个世界》中这样写道："我在南京的房子……每天上午做完家务后，我便坐在打字机前，开始写《大地》。故事是久熟于心的，因为它直接来自我生活中种种耳闻目睹的事情，所以写起来得心应手。正是因为自己直到今天仍热爱和景仰的中国农民和普通百姓而积郁的愤慨，驱使我写下了这个故事。"1931年，经过无数次退稿后，《大地》终于出版，很快成为全美最畅销书，并被译成多种文字风靡全球。第二年赛珍珠即凭借《大地》荣获普利策文学奖。1933 年《大地》被改编为剧本在纽约上演，1934 年被拍成电影，影片中的女主角获奥斯卡金像奖。1938 年，赛珍珠凭借《大地》获得了诺贝尔文学奖，成为美国历史上第一个获奖的女作家。

赛珍珠获奖，一度在中美两国引起了不同反响。鲁迅对赛珍珠的作品评价不高，巴金表示对赛珍珠没有好感，茅盾更是批评她的小说歪曲了中国农民纯朴老实的形象。而在她的母国，美国人则因她是“亲华派”而备受争议，在美国主流文化圈受到不少抵制，令她处于两头不讨好的尴尬境地。2002 年 2 月，中国国家邮政局特发行一套中英文对照的《赛珍珠》邮资明信片，纪念这位中美共同培养并为中美文化交流作出重大贡献的女文豪。虽然来得晚了点，但她当之无愧。

获得诺贝尔奖后不久，赛珍珠与已经维持近 20 年的婚姻告别，与帮助自己著作出版的出版公司老板结婚。1934 年她离开中国回美国定居，并进入出版公司任编辑。虽然赛珍珠离开了中国，她依然为中国人民的抗日战争而奔走呼号。她对中国的认识是比较深刻的：“西方的影响是一个令人不安的影响，但在亚洲，尤其是在中国，这仅仅是一个插曲。它扰乱了，但并未破坏永恒而古老的中国文化。这种文化是中国人民自己创造、发展、建立起来的，又交互地将其创造、发展、建立成为一种永恒不变的国家图腾。”“和谐是中国文明的核心，能与他人、自然和谐共处的人才是文明的、有修养的人。这是一种智慧的哲学，能衍化出安宁与自律……由此便诞生了杰出的文明——有序、优雅，更重要的是，这个文明和平、个性，既是本土的，又是国际的。”这些认识，恐怕要比很多中国人自己的认识还要深刻。

早在二十世纪五十年代，赛珍珠就认为，美国政府想用美国式的价值观和标准来衡量和要求新中国的一举一动，这样就产生了矛盾，这些代表美国式的价值观和标准，均起源于西方文化、历史背景，与中国的政治、历史、文化相距甚远。赛珍珠希望中国和美国能找到一种互相容纳的机制。

赛珍珠晚年一直希望能再次回到中国看看，由于种种原因未能成行。1973 年 3 月 6 日，她逝世于佛蒙特州丹比城，享年 81 岁，骨灰安葬于宾夕法尼亚州费城郊区的绿丘农庄。按照她的遗愿，把她安葬在一棵白蜡树下，墓碑上只刻了三个汉字：赛珍珠。赛珍珠被尼克松誉为“沟通东西方文明的桥”。1988 年，美国前总统乔治·布什在访问南大期间，曾专程来到赛珍珠故居参观。

目前国内有四个地方建有赛珍珠的纪念迹地：江西庐山赛珍珠别墅（赛珍珠的度假别墅）、南京大学赛珍珠纪念馆、江苏镇江赛珍珠纪念馆和安徽宿州赛珍珠故居。镇江的赛珍珠纪念馆由两幢建筑组成，一幢是赛珍珠父母的旧居，赛珍珠在这里度过了少年、青年时代；另一幢是新建的赛珍珠纪念馆，馆内陈列了大量的文物与文献。安徽宿州是赛珍珠曾经与她的农学家丈夫布克一同工作两年多的地方。正是在这里，她开始与中国农民有了深入的接触，她的成名作《大地》中的主人公原型，就来自这里的农民。

蔡元培与南京博物院：“国立中央博物院”创始人

中国的博物馆不计其数，但其中的三大博物馆规模最大，藏品最多，它们是故宫博物院、南京博物院和台北故宫博物院。南京博物院的建立与发展，融入了几代人的心血，创始人之一就是蔡元培先生。

南京博物院一期工程

说蔡先生是功臣之一，是因为他是设立“国立中央博物院”（今南京博物院，以下简称中博院）的首倡者，还是中博院首届理事会的理事长。1936 年 11 月，他亲自主持了中博院一期工程的奠基典礼，为中博院的建立花费了很多心血。蔡元培先生 1940 年去世，虽然没有亲眼见到中博院建成的那一天，但他的历史功绩却是有目共睹的。

中博院一期工程历时将近 20 年。它开工于 1936 年，1937 年 8 月起，因日军侵华而停工十年。1947 年复工，直至 1950 年代初才算最后完成。原拟建设的“人文”“工艺”“自然”三大馆，仅建成了“人文馆”，即今南京博物院大殿。中华人民共和国成立后，经国家数次投资扩建，达到了今天“一院六馆”的规模，即历史馆、艺术馆、民国博物馆、非遗展示馆、数字博物馆和特展馆。目前拥有各类藏品43万多件(套)，珍贵文物37万多件(套)，国宝级文物和国家一级文物有2000多件，珍贵文物数量仅次于北京故宫。2007年，经过专家甄选和南京市民投票，共评出18件南京博物院“镇馆之宝”。

南京博物院的藏品一部分接收自中央博物院筹备处，另一部分来自1949年中华人民共和国成立后的考古发掘、征集、收购、捐赠、接收及交换。这里不能不提到南迁文物。1933年1月山海关失陷后，故宫博物院将包括沈阳故宫、承德避暑山庄的文物，以及北平故宫、北平古物陈列所、颐和园和国子监等共计13000多箱文物，打包南迁至南京朝天宫文物库房。1937年淞沪抗战爆发，这批南迁文物加上国立中央博物院筹备处(南京博物院前身)等单位的文物，在日军炮火下分三路紧急西迁，几经辗转，最终于1940年底落脚于四川宜宾李庄。抗战胜利后，于1947年运回南京，续存于朝天宫文物库房。国民党逃离南京时，带走了其中的近3000箱精品文物运至台湾，现存于台北故宫博物院。幸运的是由于文物太重不便运输，国民党不得不留下了国宝司母戊鼎，现存于北京的中国历史博物馆。1951年后，留在南京的文物陆续运回故宫博物院1万余箱，剩余2221箱留于南京库房，由南京博物院保管。

南京博物院的诞生与发展，是近代以来中国人历尽磨难的历史见证，也是中华文化源远流长的重要载体，作为南京人，我们为拥有南博而自豪。

范旭东、侯德榜与大厂镇：
中国化学工业的奠基人

在南京主城长江对岸的六合区，有个地名叫大厂镇，因“远东第一大厂”永利铔厂(今南化公司)在此而得名。此地古名卸甲甸，传为西楚霸王项羽南逃时的卸甲之地。早在二十世纪六七十年代，人们把设在这里的四家国营大厂合称为“四大家族”，它们分别是南京化学工业公司(简称南化公司)、南京钢铁厂、扬子乙烯和南京热电厂，其中的南化公司前身就是永利铔厂。

范旭东(左二)、侯德榜(左一)等在永利铔厂

永利铔厂投产于1937年初，它的创办人是著名的爱国实业家范旭东先生和中国近代化学工业的奠基人之一侯德榜先生。1930年代初，我国沿海一些农村开始使用硫酸铵作肥料，而当时硫酸铵完全依赖进口。为了打破西方企业对我国化肥市场的垄断，国民政府实业部计划创办硫酸铔

厂，聘请天津永利制碱公司总经理范旭东参加工厂筹建工作。1934 年 3 月，永利制碱公司更名为永利化学工业公司，新办厂定名为永利铔厂，设计能力为年产硫酸铵 5 万吨，任命侯德榜为厂长兼技师长（即总工程师），全面负责筹建工作。侯德榜在前期考察的基础上，选定南京长江对岸的卸甲甸为永利铔厂厂址。

永利铔厂高压部厂房与设备

筹办过程中，范旭东、侯德榜克服了重重困难，1934 年永利铔厂在卸甲甸破土动工。他们采取自力更生和引进关键设备相结合的办法，凡在国内、厂内能制造的机器设备，均由自己解决。1937 年 2 月 5 日，中国首座合成氨工厂——南京永利铔厂，生产出了中国第一批“红三角”牌硫酸铵产品、第一包化学肥料，并逐步形成能够生产合成氨、硝酸、硫酸、硫酸铵的化学工厂体系，中国化学工业从此奠定基石，南京永利铔厂也被誉为“远东第一大厂”。

永利铔厂以及后来的中石化南化公司，先后创造了数十项全国化工之最，中国第一包化肥、第一包催化剂、第一台高压容器，第一批有机中间体和精细化学品均诞生于此。范旭东先生也作为中国重化学工业的奠基人，被称作“中国民族化学工业之父”。毛泽东曾说：“有几位先驱不能忘，讲钢铁工业不能忘记张之洞，讲航运业不能忘记卢作孚，讲纺织业不能忘记张謇，讲化学工业不能忘记范旭东。”

1939 年 5 月，永利铔厂沦为日伪永礼化学工业株式会社浦口工业所硫铵工场，抗战胜利后被永利公司收回。1945 年 8 月，日本侵略者投降不久，范旭东先生因病逝世，侯德榜继任总经理，他立即组织恢复南京铔厂的生产。铔厂的硝酸设备在战争中被日本侵略者运往日本，经侯德榜等人一再向有关方面严正交涉，他亲赴东京找盟军总司令部等有关方面据理力争，才于 1948 年全部归还，恢复硝酸生产。

1949 年 4 月 20 日，中国人民解放军发起渡江战役。为了保护民族化学工业的成果和血脉，毛泽东对解放军第三野战军作出重要指示：“对付永利铔厂守敌，只能诱至野外歼灭，不能强攻，不能炮打。如果毁坏了永利铔厂，就毁灭了半个南京城。”按照毛泽东的指示，解放军以雷霆之势占领与厂相邻的凤凰山，并且设法和开展护厂运动的地下党组织取得联系。在多方努力下，1949 年 4 月 21 日下午 4 时，时任代理厂长赵显斋和地下党员王克武等人打开紧闭的厂门，迎接解放军进厂，永利铔厂因此重获新生。

中华人民共和国成立后，永利铔厂经历了一系列的改革重组，企业发展不断迈上新台阶。该厂 1952 年改名永利化学工业公司宁厂，那一年，南化公司出生的很多孩子的名字里都有一个“宁”字；1958 年永利宁厂等企业组成南京化肥厂；1973 年南京化学工业公司重新组建；1990 年南京化学工业(集团)公司成立；1996 年改制为南京化学工业集团有限公司；1997 年成为中国东联石化集团有限公司直属企业；1998 年随东联公司整体进入中国石化集团公司，更名为中国石化集团南京化学工业集团有限公司。

朱自清与秦淮河：浆声灯影里的秦淮故事

朱自清先生

朱自清是民国时期著名的文人。他生于江苏东海县，成长于扬州，他与南京、与秦淮河有着不解之缘。朱自清在散文《南京》里写到："南京是值得流连的地方……逛南京就像逛古董铺子，到处都有些时代侵蚀的痕迹。你可以摩挲，可以凭吊，可以悠然遐想；想到六朝的兴废，王谢的风流，秦淮的艳迹。这些也许只是老调子，不过经过自家一番体贴，便不同了。"此外还有他的散文名篇《桨声灯影里的秦淮河》和《背影》都跟南京有关。

《桨声灯影里的秦淮河》是朱自清早期的代表作品。1923 年夏夜，作家朱自清与友人俞平伯(红学家)泛舟南京秦淮河，以《桨声灯影里的秦淮河》为共同的题目，两人各作散文一篇，以风格不同、各有千秋而传世，成为现代文学史上的一段佳话。

在文章里，朱自清称赞"秦淮河里的船，比北京万生园，颐和园的船好，比西湖的船好，比扬州瘦西湖的船也好。"在他的眼中，"秦淮河的水是碧阴阴的，看起来厚而不腻"。至于沿河的风景，"一眼望去，疏疏的林，淡淡的月，衬着蔚蓝的天，颇像荒江野渡光景"，"那时河里热闹极了，船大半泊着，小半在水上穿梭似的来往"等等。当年正值五四运动过后，文化领域比较冷落。他俩想要借游览秦淮河，滋润自己干涸的心灵。但在游览的过程中，他们在灯影交辉、笙歌彻夜的秦淮河上，亲身感受到了新旧文化的交锋，显得和这个环境格格不入。两位作家乘兴而来，惆怅而去，深有感触，便相约写下这篇同题散文。该文于 1924 年 1 月发表于《东方杂志》，作者将自己的感情与思绪，融合在风景描写技巧中，使读者真切地感受到作者的思想感情。

《背影》则以朱自清与父亲在南京浦口火车站分别时的经历，写出了一个最温情的父爱故事。1917 年冬，还在北大求学的朱自清因祖母去世赶回扬州，料理后事后，父亲朱小坡送他来南京乘火车回北京。到了火车站后，朱小坡为儿子挑了靠近车门的一张椅子，用紫毛大衣铺好座位。“爸爸，你走吧。”朱自清对父亲说。朱小坡望车外看了看，说：“我买几个橘子去。你就在此地，不要走动。”卖橘子的小贩在月台的栅栏外，走过去很不方便。戴着黑布小帽，穿着黑布大马褂，深青布棉袍的朱小坡蹒跚地走到铁道边，慢慢探身下去，尚不大难。可是他穿过铁道，要爬上那边月台，就不容易了。“他用两手攀着上面，两脚再向上缩；他肥胖的身子向左微倾，显出努力的样子。”朱自清看见父亲的背影，眼泪簌簌而下。父亲很快将橘子买了回来，他将橘子一股脑儿放在朱自清的皮大衣上，过一会儿说：“我走了，到那边来信！”凝望着父亲远去的背影，朱自清的眼泪又流了下来，他知道，在父亲心中，自己始终是个孩子，对于自己，父亲始终时时牵挂。

1925 年 10 月，在清华大学国文系任教的朱自清，收到了父亲从南方寄来的一封信：“我身体平安，惟膀子疼痛厉害，举箸提笔，诸多不便，大约大去之期不远矣。”看到这里，朱自清悲从中来，泪如泉涌。他想起父亲对自己种种的好，而自己年少无知，不能体会父亲对自己的爱，有时还嫌父亲不会说话，暗地里嘲笑他的迂腐。哀伤和思念的情绪交织在一起，他对父亲的真情，如流水从心间涌出，倾泻于字里行间。“我与父亲不相见已二年余了，我最不能忘记的是他的背影。”《背影》一经发表，故事中寄寓的伟大父爱感动了万千中国人，成为中国文学史上催人泪下的散文名篇。

拉贝与小粉桥1号：
南京人不会忘记

约翰·拉贝，一个南京人不会忘记的名字。在南京中山路与广州路交叉路口的小粉桥1号，默默地伫立着一座西式砖木结构的楼房，在车水马龙、人来人往的繁华路段，小院里绿树成荫，阳光穿过层层枝叶，照耀着整座宁谧的小楼。80多年前，它曾是拉贝的寓所，也曾是德国西门子公司驻南京的办事处。它的特殊之处就在于，在侵华日军南京大屠杀期间，它是25个难民收容所之一的西门子难民收容所。在这个收容所内，拉贝凭借着一颗赤诚之心，拯救了600多位难民的生命。

1937年8月，日军飞机频繁轰炸南京，当时正在北戴河度假的拉贝夫妇不顾自身安危，毅然决定返回南京。1937年底至1938年初，在侵华日军南京大屠杀发生期间，拉贝作为德国西门子公司南京分公司经理，利用其特殊的身份，与十几位外国传教士、金陵大学与金陵女子文理学院教授、医生、商人等，共同发起建立了“南京安全区”，并担任安全区国际委员会主席。

拉贝和一些国际友人在极度危险的战争环境中，四处奔走呼号，奋不顾身地抗议和尽其所能地阻止侵华日军对中国人民疯狂施暴。他们设立的南京安全区，为中国平民提供了暂时栖身避难的场所，他还把自己在小粉桥1号的寓所也辟为安全区的收容所。

随着战事的愈加激烈，在拉贝寓所内避难的难民越来越多。他在1937年12月18日的日记中写道：“逃到我在小桃园住所的院子里的难民越来越多，现在安置在我家的难民人数已经有300人左右。我的家被认为是最保险的地方。”而到了24日，他在日记中这样记录：“我原来一直以为，在我这儿安置的难民有 350 人~400 人。韩先生准确统计的结果显示，在我的办公室和院子里投宿的人一共有 602 名（302 名男子，300 名妇女，其中有 126 名 10 岁以下的儿童，其中有一个婴儿仅两个月）。这个统计数字还不包括公司的 14 名职员、杂工和他们的家人，这样算起来总数约有 650 人。”

拉贝在日记中坚定地表示他丝毫不后悔留了下来，因为他的存在拯救了许多人的性命。1938 年的新年，西门子难民收容所的 600 多位难民向拉贝三鞠躬，并献上了用红墨水写在白色包装纸上的新年贺信，以表达他们深深的感激之情。

1938 年 1 月底，日军开始强迫安全区内的难民返回各自的家中。2 月 18 日，南京安全区国际委员会被迫解散，改为“南京国际救济委员会”，拉贝不得不离开南京。他的心中十分难受，在日记中写道：“谁要是也见到过这里的悲惨情景，他就会理解我们给予这些穷人的保护意味着什么。其实这一切都是理所应当的事，从我们方面而言，它与某种英雄品质并无任何关系。”2 月 23 日，拉贝搭乘英国炮艇“蜜蜂”号离开南京。

小粉桥 1 号不仅是西门子难民收容所，著名的《拉贝日记》也是在这里完成的。自 1937 年 9 月起，拉贝每天笔耕不辍，详细地记录了他在南京所经历的一切，直到 1938 年 2 月返回德国为止。拉贝回国后，在很长的一段时间里，他的日记都不为人所知。1996 年 12 月 12 日，尘封了 60 年的拉贝日记由他的外孙女莱茵哈特在美国纽约公布于世，成为了揭露侵华日军南京大屠杀罪行的重要证据。2006 年 10 月 31 日，在小粉桥 1 号的原拉贝旧居，南京大学拉贝与国际安全区纪念馆正式建立并对外开放。

张恨水与丹凤街：一部《丹凤街》充满南京味

张恨水是现代著名作家，本名心远，恨水是他的笔名，取自南唐李煜词《相见欢》："自是人生长恨水长东。"他是中国现代文学史上的章回小说大家，也是中国小说史上最高产的小说家，创作期长达五十多年。论文学创作，张恨水与众不同，他能够同时撰写多部小说。1928 年，张恨水同时有六部小说在报纸上连载，分别是《春明外史》《春明新史》《金粉世家》《青春之花》《天上人间》和《剑胆琴心》。六部小说的人物、情节、进度各不相同，他却能应付自如。他采用轮流写作的方法，先将一部小说写出若干章回，估计足够连载一段时间，再写另一部小说。在南京时，张恨水除了主编《南京人报》的副刊《南华经》外，还为南京、上海的六家报社同时撰写《燕归来》等七部小说。

丹凤街是南京城中部一条南北走向的干道，南起珠江路，北接北京东路。在民间传说中，明洪武年间，有凤凰落在此处，因此得名。张恨水与丹凤街的缘分，不仅因为他在这里住过，而且还以《丹凤街》为题写了一部长篇小说。作为一名爱国文人，1936 年为躲避汉奸政权的追捕，张恨水举家从上海迁至南京。他在中正路（今中山南路北段）租下两幢小洋楼（后来扩大为三幢），先后买了四部平版印刷机，铸了几副铅字，与张友鸾创办了《南京人报》，负责编辑副刊《南华经》。1937 年底，张恨水举家避祸离开南京撤往重庆。

虽然在南京只待了一年多，却给张恨水留下了很深的印象。在 1940 年代，张恨水创作了长篇小说《丹凤街》（原名《负贩列传》），从书名到故事内容以及书中方言口语，都充满了纯正的南京味。这部小说以民国时期为背景，塑造了南京丹凤街上一帮生活在社会底层的人物群像。小说讲述的是以童老五为首的一帮丹凤街上自食其力的小菜贩、小酒保，不畏强权，不惜倾家荡产，东奔西走，只为解救被舅舅卖给赵次长做姨太太的穷姑娘陈秀姐。主人公们穷苦粗粝的外表之下，包藏着坦荡、真诚、一诺千金的侠士精神。

《丹凤街》是一部以抗战为背景的市井小说，张恨水在该书的序言中写道："读者试思之，舍己救人，慷慨赴义，非士大夫阶级所不能亦所不敢者乎？朋友之难，死以赴之，国家民族之难，其必溅血洗耻，可断言也。"在张恨水的写作计划中，"初意欲分为两大部：一部写肩挑负贩者之战前生活，一部则为战时景况。继予念南京屠城之惨，及市民郊外作游击战之起……"可惜的是这部书只完成了一半，下半部分南京大屠杀后的城外游击战内容由于上海沦陷，无处发表，终于没有写，实为一桩憾事。

《丹凤街》在张恨水的众多作品中，算不上是扛鼎之作，但在风俗、风情和风景的描写上足见其功力。《丹凤街》之所以能写得如此生动，是因为张恨水曾租住在丹凤街旁的唱经楼，耳闻目睹了普通南京市民的生活场景。闲暇时光，他从唱经楼踱步去丹凤街的茶社品茶，饶有兴致地欣赏周遭的六朝烟火气。他在《丹凤街》的序言中写道："此书故事虽十九为予所虚构，而其每个人之性格与姿态，则予当年住丹凤街畔，有以摄印于脑中，今特融化为故事中之角色以使其逼真。"在作者的笔下，丹凤街是一处老式市井，鹅卵石铺路，路侧排立着油盐杂货店、米铺、柴炭行、酱坊还有茶馆，菜场、鱼市、布店等也是人声鼎沸。他在后来的散文中这样描述丹凤街："每日中午以 12 点为界，整个上午是热闹喧嚣的菜市，日影过午，便静寂空落，给人以时光倒流的感觉。"每逢星期天，"男女挽篮子的赶市者，侧着身子在这里挤"，"带卖早点的茶馆门口，有锅灶叠着蒸屉，屉里阵阵刮着热气。这热气有包子味，有烧饼味，引着人向里挤。这里虽多半是男女佣工的场合，也有那勤俭的主妇，或善于烹饪的主妇，穿了半新旧的摩登服装，挽了个精致的小篮子，在来往的箩担堆里碰撞了走。”

除了《丹凤街》，张恨水还先后创作了以南京为背景的小说《石头城外》《秦淮世家》，散文《白门十记》《南游杂志》《忆南京》等，以追念这段令他难忘的时光。例如他写当时南京最为繁华热闹的太平路花牌楼，“但你经过那里，你也不会感到动乱，街两旁的法国梧桐和刺槐，零落的飘着秋叶儿，人行路上，有树阴而树阴不浓，我们披一件旧绸衫，穿一双软底鞋，顺着水泥路面通达。在清亮而柔和的阳光下，街上虽有几个汽车跑来跑去，没有灰土，也没有多大声音，在街这边瞧见街那边的朋友，招招手就可以同行在一处，只有北平的王府井大街，成都的春熙路可相仿佛”。他喜欢南京城北的空旷而萧疏，他和妻子常从湖北路穿过一片竹林，绕到丁家桥，“那里有家茶馆，门口三株大柳树高入云霄。我和她……常在这里歇腿，泡一壶清茶，然后在附近切两角钱盐水鸭，包五分钱椒盐花生米，向门口烧饼桶上买两三个朝排子烧饼，饱啖一顿……然后踏着落叶回家”。就连石头城的炎热都给张恨水留下了深刻的印象。他在《石头城外》中写道：“太阳在长条儿的弄堂上空照下来，像炭火一般。在屋子里的人，可又感到一种燥热。”

1967 年 2 月 15 日，72 岁的张恨水不得不停下他热爱了一生的文学创作，因脑出血在北京不幸离世，给世人留下了《春明外史》《金粉世家》《啼笑因缘》等一百多部，共三千多万字的小说。茅盾评价他“运用章回体而善为扬弃，使章回体延续了新生命的，应当首推张恨水先生”。老舍评价“张恨水是国内唯一的妇孺皆知的老作家”。

徐悲鸿与傅厚岗：中国美术复兴的第一声

徐悲鸿是江苏宜兴人，1928 年从巴黎国立美术学院毕业后，回国受聘于中央大学，开始了他在南京长达十年的工作和生活。起初徐悲鸿居于石婆婆巷内的中央大学集体宿舍，后迁居于丹凤街 52 号的中央大学教师宿舍。据《徐悲鸿年谱长编》记载：由于空间狭小，没有足够的条件绘制大幅作品，所以他常常趴在地板上作画，并感慨地说："有时设备好，反而画不出什么东西，条件不好，为生活去克服困难，甚至可以画出些作品。"

为了改善居住和创作条件，1931 年徐悲鸿于傅厚岗购得荒地 2 亩，开始营建私宅。1932 年 12 月，傅厚岗 4 号新居落成，是一幢精巧别致的西式小楼，房屋的右边是完全按照徐悲鸿绘画需要而设计的画室。徐悲鸿携家人搬入新居时，正值国家民族风雨交加之际，于是他将新居取名为"危巢"，并在《危巢小记》中写道："古人有居安思危之训。"

在南京期间，是徐悲鸿艺术创作的高产期。他充分融合中西绘画艺术之所长，创作了《田横五百士》《傒我后》《牧童与牛》《松、石、猫》《墨竹》等诸多传世名作。艺术教育上他延揽名师、发掘璞玉，为学校的艺术教育作出了突出贡献。1930 年，《田横五百士》和《傒我后》参加中央美术会绘画展，被誉为"中国美术复兴的第一声"。1933 年 1 月，徐悲鸿携中国名家绘画赴欧洲巡回展出，在欧洲引起轰动。

1937 年因抗战全面爆发，中央大学迁往重庆，徐悲鸿全家随校内迁，结束了他们在南京的十年生活。此后他先后出任国立北平艺术专科学校校长、中央美术学院首任院长、中华全国美术工作者协会（后改名为中国美术家协会）首任主席等。

1953 年 9 月 26 日，徐悲鸿在北京逝世，享年 58 岁。1987 年，徐悲鸿的女儿徐静斐女士将故居捐赠给南京师范大学。2003 年经全面修缮后，被辟为徐悲鸿纪念馆南京馆。纪念馆一楼展厅展出了徐悲鸿的美术作品，其中有创作于 1928 年的《徯我后》素描稿，另一幅徐悲鸿同一时期的重要作品《田横五百士》则被完整展示出来。二楼东侧被布置为画室，西侧则是展览的延续，介绍徐悲鸿离开南京之后的艺术生平。近年来这里被作为徐悲鸿故居，并举办当代画家的个人画展。

当年徐悲鸿居住过的傅厚岗，是一处始于明代的老地名。位于城北中央路的两侧，东起百子亭，跨中央路，西至湖北路。因明代此地为府军后卫驻地，且地处高岗，因此称府军后卫岗，简称府后岗。1930 年谐音改称傅厚岗。此地是民国《首都计划》中重要的行政区，社区内曾有国民政府外交部、立法院、李宗仁公馆、八路军驻京办事处、吴贻芳公馆、缅甸大使馆、英国大使馆宿舍等民国建筑，文化名人张伯苓、傅抱石、林散之、钱松喦、匡亚明、武中奇、高马得都曾在社区内工作生活过。

杨廷宝与中山陵音乐台：
硕果累累的“杨半城”

在笔者心目中，南京中山陵音乐台是一个非常特别的地方。它的建筑风格中西合璧，既吸收古希腊建筑的特点，又融入中国江南古典园林的元素，端庄大气，风格独特。笔者少年时期，经常与同学去中山陵春游、秋游，总爱在音乐台的草坪上休憩娱乐，躺在草地上看飞来飞去的鸽子。如今南京市每年夏天都要在音乐台举办森林音乐会，是南京城市的一张文化名片。

一座将近百年前的文化建筑，至今还能那样引人注目，归功于它的主要设计者杨廷宝。杨廷宝是中国近现代建筑设计的一代宗师，中国建筑界号称“南杨北梁”，南方的就是杨廷宝，北方就数梁思成。走在南京的中山东路上，原国民党中央监察委员会办公楼（今东部战区档案馆）、国民党中央党史史料陈列馆（今中国第二历史档案馆）、中央医院（今东部战区总医院）、原中央通讯社大楼等漂亮的民国建筑，均出自杨廷宝之手。紫金山天文台、原中央研究院、国民政府外交部大楼、中央体育场、大华大戏院、国际联欢社扩建工程（今南京饭店）、北极阁宋子文住宅、谭延闿墓等亦由他设计建造。中华人民共和国成立后，南京图书馆、南京长江大桥、南京民航候机楼、五台山体育馆、丁山宾馆、下关火车站等均由他主持或参与设计，他的建筑作品几乎占了半个南京城，建筑学界送他外号“杨半城”。

不仅如此，他还主持拟定了北京天安门广场扩建规划，参与了人民英雄纪念碑、人民大会堂、中国历史博物馆、中国军事博物馆、民族文化宫、清华大学、北京图书馆、北京王府井百货大楼、北京饭店、北京火车站、和平宾馆、毛主席纪念堂等重大工程的设计。从 1927 年春至 1982 年去世，杨廷宝的建筑设计生涯长达 55 年而未曾中断，是中国建筑设计界不折不扣的泰斗级人物。

杨廷宝 1901 年出生于河南南阳。1915 年考入北京清华学校(清华大学前身)，1921 年赴美国宾夕法尼亚大学建筑系留学。1927 年春回国后，长期从事建筑设计和建筑教育工作，当过教授、系主任、副院长、副省长、省政协副主席，中国科学院首届学部委员，中国建筑学会理事长，国际建筑协会(UIA)副主席等。1982 年 12 月 23 日在南京逝世，享年 82 岁。成贤街 104 号是杨廷宝故居，又名“成贤小筑”，是杨先生自行设计并建造的一幢二层别墅，从 1946 年到 1982 年去世他一直居住在此。

杨廷宝终生秉持“为人而设计”的建筑理念。他主张建筑的根本目的是服务于人，适合国情是考虑一切设计问题的出发点。其设计理念博采众长、兼收并蓄、因地制宜，是中国近代建筑设计科学的重要创始人之一。杨廷宝一生约 120 项设计作品中，在南京的就有近 70 项，是近现代对南京城市建设影响最大的建筑设计师。作为南京人，应该记住杨先生对我们这座城市发展所做出的杰出贡献。

主要参考资料

1. ［明］礼部纂修，［明］陈沂撰：《洪武京城图志》《金陵古今图考》，南京出版社 2016 年版
2. 《南京地名大全》编委会编：《南京地名大全》，南京出版社 2012 年版
3. 朱炳贵编著：《老地图·南京旧影》，南京出版社 2014 年版
4. 中共南京市委党史工作办公室编：《南京地区抗日战争史（1931—1945）》，中共党史出版社 2015 年版
5. 薛冰著：《读南京》，南京出版社 2017 年版
6. 薛冰著：《南京城市史》，东南大学出版社 2018 年版
7. 卢海鸣著：《南京历代名号》，南京出版社 2018 年版

后　记

历时一年有余，总算完成了《名人与南京之地名故事》的书稿。笔者写作的过程，就是再次接受古城南京历史熏陶的过程，从中感受到南京历史之丰厚、之灿烂、之精彩，以及南京地名之深厚的文化内涵，有挖掘不完的内容和学习不完的知识。

南京有着3100年的建城史，这是有考古发掘所证明的。如果以3100年前为南京建城史的发端，应处在商末周初的时期，大约是在周公旦生活的年代。本书所撰写的一百多篇地名故事，涵盖自先秦至现代中国历史的各个阶段，与南京城市史的脉络大体同步。但与南京城市丰富的历史相比，这些只能算其中一个个短小的片段，沧海一粟而已。

借名人讲南京地名故事，可写的内容很多，远不止本书所涉及的这些。由于本人对南京历史和南京地名了解的局限，不可能涵盖全部。有些虽然找到了线索，但拥有的资料不多，不得不放弃。还有，跟南京地名有关的名人肯定不止这些，比如周恩来与梅园新村、许世友与南京长江大桥等，都是有故事可说的。近现代以来比较有名的南京人还有不少，比如吴良镛（建筑学家）、史量才（报业大亨）、林散之（书画家）、万籁鸣（动画大师）、俞大绂（植物病理学家）、叶兆言（作家）、王安忆（作家）、吴敬琏（经济学家）、厉以宁（经济学家）、张贤亮（作家）等等，还有虽然不是南京人，但在南京生活、工作或是旅游过的名人更是不计其数，如果深入挖掘一下，都与南京地名有着千丝万缕的联系。由于资源限制以及个人精力等方面的原因，难以逐个来写。

我在写作此书的过程中，参考了许多与历史有关的资料，虽然力求客观，但也不敢说百分之百准确，谬误在所难免，敬请读者朋友指正。